COMO LIDERAR QUANDO SEU CHEFE NÃO PODE (OU NÃO QUER)

JOHN C. MAXWELL

COMO LIDERAR QUANDO SEU CHEFE NÃO PODE (OU NÃO QUER)

Tradução
André Lima

Vida
Melhor

Rio de Janeiro, 2020

Título original: *How to Lead When Your Boss Can't (or Won't)*
Copyright © 2019 por John C. Maxwell
Edição original por HarperCollins Leadership. Todos os direitos reservados.
Copyright de tradução © Vida Melhor Editora LTDA., 2020.
Todos os direitos desta publicação reservados por Vida Melhor Editora LTDA.

PUBLISHER	Samuel Coto
EDITORES	André Lodos e Bruna Gomes
TRADUÇÃO	André Lima
COPIDESQUE	Simone Fraga
REVISÃO	Carol Vieira
CAPA	Rafael Brum
DIAGRAMAÇÃO	Caio Cardoso

Os pontos de vista desta obra são de total responsabilidade de seu autor, não refletindo necessariamente a posição da Thomas Nelson Brasil, da HarperCollins Christian Publishing ou de sua equipe editorial.

Dados Internacionais de Catalogação na Publicação (CIP)

M419c Maxwell, John
1.ed.   Como liderar quando seu chefe não pode (ou não quer) / John Maxwell; tradução de André Lima. – 1.ed.—— Rio de Janeiro: Thomas Nelson Brasil, 2020.
         160 p.; 12 x 18 cm.

Tradução de: *How to lead when your boss can't (or won't)*
ISBN: 978-65-56890-13-5

1. Autoajuda. 2. Liderança. 3. Negócios. 4. Administração. I.Lima, André. II. Título.

4-2020/24

CDD 158.1
CDU 159.9

Bibliotecária responsável: Aline Graziele Benitez CRB-1/3129

Thomas Nelson Brasil é uma marca licenciada à Vida Melhor Editora LTDA.
Todos os direitos reservados à Vida Melhor Editora LTDA.
Rua da Quitanda, 86, sala 218 - Centro
Rio de Janeiro – RJ – CEP 20091-005
Tel.: (21) 3175-1030
www.thomasnelson.com.br

SUMÁRIO

CAPÍTULO 1 — 7
O QUE ACONTECE QUANDO **CHEFES NÃO LIDERAM**

CAPÍTULO 2 — 27
LIDERE-SE **BEM, ANTES DE MAIS NADA**

CAPÍTULO 3 — 49
ENCONTRE MANEIRAS DE TRABALHAR **COM SEU CHEFE**

CAPÍTULO 4 — 75
DESENVOLVA SUA INFLUÊNCIA ONDE QUER QUE VOCÊ ESTEJA

CAPÍTULO 5 — 99
EVITE ARMADILHAS QUE POSSAM **PIORAR** AINDA MAIS A SITUAÇÃO

CAPÍTULO 6 — 121
PROVE SEU **VALOR** DIARIAMENTE E NUNCA PARE DE CRESCER

CAPÍTULO 1

O QUE ACONTECE QUANDO CHEFES NÃO LIDERAM

Estudo liderança há mais de 50 anos e, praticamente em toda conferência em que me apresentei ao longo deste período, alguém sempre veio até mim para dizer algo como: "Gosto do que você ensina sobre liderança, mas não consigo aplicar o que você diz. Eu não sou o líder principal. E a pessoa à qual estou subordinado é um chefe terrível."

Você vive isso? Está trabalhando dentro de alguma organização com um chefe que não pode ou não quer liderar? Não tem nenhum poder "oficial" para operar mudanças, de modo que você se sente paralisado? Você tem ideias. Quer dar sua contribuição. Quer fazer as coisas acontecerem. Mas a pessoa para a qual você trabalha dificulta as coisas.

QUANDO LÍDERES NÃO LIDERAM

Muitas pessoas se encontram nesse tipo de situação. Digo isso com tanta frequência que fica até cansativo, mas eu acredito nisso com toda a minha alma. Tudo gira em torno de uma boa liderança. É assim que funciona. Se você não acredita, experimente reunir um grupo de pessoas sem um líder e veja o que acontece. Eles se afastarão. Quando não existe um bom líder dirigindo um time, tocando um departamento, liderando uma organização, ou até mesmo conduzindo uma família, os resultados apresentados a seguir são inevitáveis.

Decisões são postergadas

Nem todos os bons tomadores de decisões são líderes, mas todos os líderes são bons tomadores de decisões. Com frequência, é preciso de um líder para tomar decisões — e se não for para o líder tomar decisões, ele ajuda outros a tomá-las mais rapidamente.

Prioridades são multiplicadas

Quando um grupo de pessoas se reúne e ninguém se distingue como o líder, elas começam a seguir suas próprias prioridades. Em um curto espaço de tempo, todos agirão por conta própria. Equipes precisam de liderança para proporcionar a todos uma voz única de comando.

Conflitos são prolongados

Um dos papéis mais importantes do líder é a resolução de conflitos. Na falta de uma liderança clara, conflitos sempre duram mais e geram mais prejuízos. Em geral, é preciso um bom líder para "chegar junto", assumir as rédeas e reunir todos em torno de um mesmo objetivo, a fim de aparar arestas. Líderes têm de estar sempre prontos para fazer o que for necessário para ajudar as pessoas a resolverem seus conflitos.

A confiança diminui

Napoleon disse: "Líderes são mercadores de esperança". Quando líderes estão ausentes ou não estão exercendo a liderança, as pessoas perdem a esperança e a confiança diminui. Por que isso acontece? Porque confiança pode ser definida como "fé no líder que ocupa o topo".

A produção cai

Líderes fortes são criativos na busca por fórmulas que ajudem os outros a se tornarem mais produtivos. Algumas vezes, a fórmula encontrada é, por exemplo, oferecer um desafio; em outras, algum tipo de treinamento. Em outros casos, ainda, é necessário encorajar as pessoas ou estabelecer incentivos. Se a mesma estratégia funcionasse para todos e em todas as situações, não existiria a necessidade de líderes. É justamente pelo fato de as pessoas serem diferentes e de as circunstâncias mudarem constantemente que um líder se faz necessário para compreender as necessidades e colocar uma solução em prática.

O sucesso é difícil

Eu acredito que muitas pessoas pretendam desprezar a importância da liderança em relação ao sucesso organizacional. Elas não enxergam — e em muitos casos não querem enxergar — que a liderança entra necessariamente em jogo, mesmo que você não queira. Sua organização não funcionará da mesma forma sem líderes fortes em cada departamento ou divisão. Todas as organizações precisam de líderes em todos os níveis para serem bem-sucedidas.

O QUE ACONTECE COM A VISÃO?

Uma das piores coisas que pode acontecer quando chefes não lideram é a visão da organização ser prejudicada. Se uma equipe começa com uma visão, mas sem um líder competente, ela está em "maus lençóis". Por quê? Porque a visão se esvai. Sem um líder, a visão se dissipará, e a equipe se desintegrará perdendo o senso de direção.

Seu líder tem falhado ao difundir a visão? Ou está propondo uma visão que não se alinha ou contribui com a da organização? Se esse for o caso, tenho certeza de que está criando problemas. O que você deve fazer, então?

Se você tem alguma habilidade de liderança, tem ideias sobre a visão. Você, sem dúvida, enxerga possibilidades. Quer chegar a algum lugar e levar pessoas com você, de modo que possam atingir um objetivo em conjunto. Mas a forma como você reage importa. Dê uma olhada, a seguir, nas maneiras como as pessoas reagem à visão. Dos seis itens listados, os três primeiros são reações negativas e os três últimos são reações melhores, sendo cada uma delas mais positiva que a anterior.

1. Atacam — Criticam e sabotam a visão

Algumas pessoas se posicionam contra a visão, sem se importar se o chefe é bom ou mau líder. O bom líder é alguém que desempenha um trabalho fantástico de comunicação da visão. É um fato. Por que isso acontece?

Elas não ajudaram a criar a visão. A maioria das pessoas não gosta de mudanças, e sempre que alguém começa a projetar uma visão, a mudança é inevitável. A atitude das pessoas em relação à mudança é bem diferente quando elas ajudam a criá-la. A participação aumenta o sentido de posse. Quando você é dono, vê as coisas de forma diferente; "chega junto" e cuida melhor do que quer que seja.

Elas não entendem a visão. O fato de uma visão ser clara e atrativa não significa necessariamente que todos a entendem. Diferentes tipos e estilos de comunicação não são recebidos da mesma forma por todos. Se um líder é realmente sábio, ele comunica a visão de modos diversos, em diferentes ambientes e contextos, utilizando métodos variados.

Elas não concordam com a visão. Algumas pessoas reagem negativamente a uma visão porque pensam que é impossível atingi-la; outras, embora isso aconteça com uma frequência muito menor, reagem assim por pensar que a visão é modesta demais. Ainda, há os que relutam porque a visão mudou desde a época em que eles originalmente aderiram a ela. No entanto, de maneira geral, a questão principal tem a ver com o líder. Se as pessoas discordam da visão, é porque, quase sempre, elas têm problemas com aquele que a projetou. Não importa quão boa a visão seja, se as pessoas não acreditam no líder, elas terão dificuldades de se engajar.

Elas não conhecem a visão. Em relação a resultados, não existe diferença entre pessoas que não conhecem a visão de uma organização e uma organização simplesmente desprovida de visão. O resultado é, certamente, insatisfação e desânimo.

Elas se sentem desnecessárias para alcançar a visão. Existem três tipos de atitudes quando se trata de angariar pessoas para ajudar a realizar uma visão. O primeiro tipo diz: "Nós vamos fazê-lo com ou sem você". O segundo tipo diz: "Nós certamente gostaríamos que você nos ajudasse nesta empreitada". O terceiro tipo diz: "Não conseguiremos fazer o que é necessário sem você". Não é difícil adivinhar qual deles motiva e inspira as pessoas a participar e a contribuir com o que têm de melhor.

Líderes autocráticos da velha guarda podem até ter conseguido passar praticando o primeiro tipo de atitude, mas isso não funciona hoje em dia, pelo menos não nas culturas em que as pessoas são livres para fazer escolhas. A segunda abordagem, às vezes, funciona, mas não é tão efetiva como a terceira. Pessoas que compreendem a importância do próprio papel são motivadas a perseverar e a trabalhar com excelência, mesmo enfrentando obstáculos e problemas. Todos querem se sentir necessários.

Elas não estão prontas para a visão. É triste dizer, mas algumas pessoas não estão prontas — emocional, intelectual ou profissionalmente — para abraçar a visão, e contribuir para fazê-la acontecer. Se estão dispostas, mas não estão aptas, elas podem ser treinadas e desenvolvidas. Se não estão dispostas nem preparadas, não há muito o que você possa fazer para ajudá-las.

2. Ignoram a visão — Fazem o que bem entendem

Algumas pessoas podem não atacar a visão, mas também não a apoiam. Em vez disso, fingem que a visão não existe e agem da forma como bem entendem. É claro que isso não ajuda em nada a organização. Se o seu chefe não estiver liderando, não ignore a visão simplesmente porque está decepcionado. Afinal, isso fará com que você pareça não ser adepto do trabalho em equipe.

Um líder com quem eu conversei, e que por muitos anos trabalhou como gerente de nível médio, disse-me que, em certa ocasião, seu chefe pediu que ele chamasse a atenção de um subordinado sobre uma questão ligada ao código de vestimenta. O problema para esse gerente é que ele não concordava com a política da empresa. Mas como acreditava na visão mais ampla da organização, quis apoiar seu líder e seguiu em frente com a ordem de confrontar o subordinado. A tarefa mostrou-se particularmente árdua, porque o gerente achava que a regra era irrelevante. Contudo, ele apoiou firmemente seu superior. O subordinado nunca ficou sabendo que seu gerente, na verdade, concordava com ele e não com o seu superior hierárquico.

3. Abandonam a visão — Deixam a organização

Se a visão viola os seus princípios ou não reflete o que você valoriza no seu íntimo, deixar a empresa pode ser a atitude certa. Às vezes, essa é a melhor opção — sair com a honra intacta. Dessa forma, você não sabotará a visão nem endossará algo com o qual não concorda. Aqui, contudo, cabe um alerta: se você está pensando em deixar a organização, tenha certeza de que não está fazendo isso motivado por egoísmo.

4. Adaptam-se — Encontram uma forma de se alinhar à visão

Um bom empregado sempre encontra uma forma de se alinhar à visão da sua organização, de modo que esse deve ser o seu ponto de partida. David Branker me contou a história de Bret, um gerente intermediário cuja atribuição era oferecer suporte de informática e rastreamento de dados para o departamento de treinamento de uma organização. Bret estava decepcionado porque achava que seu trabalho não estava contribuindo de forma significativa para a visão da companhia.

Em vez de ficar emburrado ou reclamar, ele abordou seu líder para falar sobre a questão. Juntos, descobriram como seu departamento poderia gerar mais valor para a organização por meio da criação de sistemas que utilizassem a tecnologia para tornar o treinamento mais rápido, eficiente e efetivo em relação ao custo. Alinhando-se à visão, Bret não apenas a promoveu, acrescentou valor à organização e melhorou o resultado financeiro, mas também encontrou mais satisfação pessoal.

5. Defendem — Adotam a visão e a transformam em realidade

A visão normalmente começa com um indivíduo, mas só pode ser alcançada com o esforço de muitas pessoas. Enquanto a visão do seu líder não contradiz a da organização, procure trabalhar para realizá-la. Esforce-se para transferir a visão do eu até o nós. John W. Gardner disse, "As perspectivas nunca pareceram tão animadoras e os problemas nunca pareceram tão difíceis. Qualquer um que não se sinta comovido por estas afirmações está desanimado demais para ter alguma utilidade nos dias vindouros".

Quando líderes de posições intermediárias dentro de uma organização não apoiam a visão e nem a defendem ou difundem aos seus seguidores, como resultado, as pessoas que eles lideram quase nunca contribuem para o sucesso geral da organização. Você pode ajudar a evitar que isso aconteça. Se você conhece e entende a visão da organização, transmita-a. Torne-se um canal de comunicação com a sua equipe, de modo a ajudar todos a dar uma contribuição positiva à organização.

6. Acrescentam valor à visão

A reação mais positiva à visão é ir além de defendê-la para acrescentar valor a ela. Nesse ponto, a visão se transforma em algo a mais, tendo um valor maior para o líder, os demais aos quais se destina e a pessoa que contribuiu para ela.

Nem todos aproveitam a oportunidade de acrescentar valor à visão. O pré-requisito é a defesa da visão como ela já existe. Você pode fazê-lo mesmo que trabalhe para um chefe que não exerce uma boa liderança.

Se o seu chefe não estiver difundindo a visão, torne-se você mesmo um defensor dela perante a organização. Dissemine a visão para ajudar a criar um ambiente de produtividade e sucesso junto às pessoas no seu raio de responsabilidade. E faça o seu melhor, no sentido de evitar que pessoas com uma visão diferente — sobretudo destrutiva — possam se antecipar e preencher o vazio criado pelo seu líder.

MAUS CHEFES

O escritor russo Leo Tolstói iniciou seu romance Anna Karenina da seguinte forma: "Famílias felizes são parecidas entre si; cada família infeliz é infeliz à sua própria maneira". Ideia semelhante pode ser aplicada aos líderes. Bons líderes compartilham muitas características em comum, mas maus líderes vêm em alguns tipos. Veja alguns deles a seguir.

Líderes inseguros

Líderes inseguros pensam que tudo está relacionado a eles e, como resultado, cada ação, cada informação, cada decisão é submetida ao seu filtro de egocentrismo. Quando alguém de sua equipe demonstra um desempenho excepcional, eles temem ser ofuscados e, geralmente, tentam evitar que o subordinado cresça. Quando alguém da sua equipe tem um resultado pífio, eles reagem com raiva porque isso os fazem parecer durões.

Mais do que qualquer coisa, líderes inseguros desejam o *status quo* — para si mesmos e mais ninguém. Eles são como o presidente de uma companhia que, como se comenta, enviou um memorando para o gerente de pessoal com a seguinte mensagem: "Procure na organização líderes jovens, espertos e agressivos, capazes de assumir o meu lugar. Quando você os encontrar, demita-os!"

Um amigo com quem eu conversava enquanto escrevia este livro disse que certa vez trabalhou para um líder cujo princípio básico de liderança era manter todo mundo fora de equilíbrio. Se alguém que trabalhasse para ele começasse a se sentir seguro demais, ele lhe daria um "chacoalhão".

Em uma organização, segurança flui de cima para baixo. Quando líderes são inseguros, geralmente projetam essa insegurança nas pessoas que estão abaixo deles. Se você trabalha para uma pessoa insegura, terá não apenas de atuar para desviar a insegurança daquele indivíduo sobre si mesmo, mas, também, com mais afinco para "quebrar a corrente" e proporcionar segurança para as pessoas que trabalham para você. Se você não fizer isso, as pessoas sob seus cuidados irão sofrer.

Líderes sem visão

Líderes desprovidos de visão criam dois problemas imediatos para as pessoas que trabalham para eles. Primeiro, eles falham ao não fornecer direção e incentivo para que possam progredir. Segundo, lhes falta paixão. Eles não têm fogo, nem combustível para se manterem e a seus subordinados em avanço contínuo. Isso não proporciona uma atmosfera positiva e animadora para trabalhar.

Já vimos várias maneiras como as pessoas reagem à visão. Se faltar visão ao seu líder, você terá de difundir a visão da organização aos membros da sua equipe, e lembrá-los de como contribuem. Você pode demonstrar paixão, mesmo que o seu chefe não demonstre.

Líderes incompetentes

Líderes incompetentes são ineficientes e sempre permanecem assim. Eles são um problema, não apenas para seus liderados, mas para toda a organização. Líderes incompetentes são "tampas" nas partes da organização em que atuam. A Lei da Tampa, em *As 21 Irrefutáveis Leis da Liderança*, estabelece que "a habilidade de liderança determina o nível de efetividade de uma pessoa". Se você trabalha com um líder incompetente, todos da equipe terão de trabalhar com mais afinco para compensar suas deficiências. Com o tempo, a verdade de que a equipe está carregando o chefe, e não o oposto, acaba aparecendo.

Líderes egoístas

Líderes egoístas tentam avançar a custa de todos ao seu redor. Um executivo que entrevistei disse que um dos líderes com quem trabalhou era alguém que, egoisticamente, acumulava todas as regalias advindas de sua posição de liderança. Por ter tido essa experiência, esse executivo, agora um líder no topo hierárquico, faz questão de compartilhar as regalias da liderança com as pessoas que trabalham para ele. Trata-se de um bom conselho para qualquer um que ocupe posição de liderança em qualquer setor de uma empresa. Compartilhe o que quer que você tenha com as pessoas abaixo de você, pois elas trabalharão com mais afinco.

Líderes camaleões

O presidente Lyndon Baines Johnson costumava contar a história de um jovem, professor escolar desempregado que veio para a região do Texas Hill Country durante a depressão em busca de um emprego. Quando a diretoria da escola local perguntou a ele se o mundo era redondo ou plano, o aspirante a professor entrou em pânico, temendo uma armadilha, e soltou de repente: "Eu posso ensinar isto de duas formas!".

Essa é a reação do líder camaleão quando você o obriga a se definir. Quando as pessoas seguem um líder assim, nunca sabem como ele irá reagir. Como resultado, tempo e energia valiosos, que todos poderiam utilizar para dar conta de seu trabalho, são desperdiçados na tentativa de prever ou antecipar o próximo movimento do líder e qual personalidade ele utilizará naquele dia.

Sua melhor aposta é tentar se isolar o máximo possível das alterações de humor e personalidade de um chefe camaleão. Concentre-se em fazer o seu trabalho e atender à visão da companhia, sem tentar agradar o seu chefe — porque você não conseguirá prever o que será necessário.

Líderes políticos

Parecidos com os líderes camaleão são os líderes políticos. Eles podem ser igualmente difíceis de serem definidos, mas, nas questões emocionais, frequentemente abastecem os problemas dos líderes camaleão. Líderes políticos são motivados pelo desejo de avançar. É duro seguir pessoas cujas decisões são baseadas em ambições políticas e não na missão, no bem da organização ou no bem-estar das pessoas. Eles são como o prefeito que foi perguntado sobre seu posicionamento em relação a uma questão específica, para o que respondeu: "Bem, alguns dos meus amigos são a favor. Alguns são contra. Quanto a mim, sou a favor dos meus amigos". De novo, tente não se envolver com política e se isolar dela o máximo que puder.

Líderes controladores

Você já trabalhou para alguém que quer estar no meio de qualquer coisa que você faça? Poucas coisas são mais frustrantes para uma pessoa competente. É difícil ter ritmo, quando a pessoa para a qual você trabalha interrompe continuamente seu progresso por querer te controlar de perto o tempo todo.

Pessoas que controlam excessivamente os outros, geralmente têm duas motivações: o desejo de perfeição, que é inatingível, ou a crença de que ninguém pode realizar um trabalho tão bem quanto elas, o que de fato sintetiza o pensamento de que as contribuições dos outros não são tão valiosas quanto as deles. Nenhuma dessas duas motivações contribuem para criar condições de trabalho positivas para as pessoas subordinadas.

A primeira coisa que você pode fazer ao trabalhar para esse tipo de chefe é liderar bem você mesmo. (Isso é o que eu discutirei no próximo capítulo.) Você também pode informar, de forma contínua, o que estiver conseguindo realizar. Infelizmente, isso leva tempo, mas se você mantiver seu chefe informado sobre o que estiver fazendo, ele poderá te controlar menos. Contudo, se exagerar na transmissão de informações, ele poderá chegar ao ponto de te demandar menos informações e, consequentemente, parar de tentar te controlar.

LIMITAÇÕES SOBRE VOCÊ

Uma das tarefas mais difíceis, quando se trabalha para um líder fraco, é geralmente não conseguir ter certeza sobre o seu posicionamento em relação às responsabilidades e atribuições. Isso cria tensão e confusão. Se seu chefe não gosta do que você faz, poderá reagir demitindo você, desmotivando ou transferindo para outra área do negócio. Se isso não criar tensão, então, não sei o que poderia criar. Além dessa tensão existem outros fatores, descritos a seguir.

1. Falta de empoderamento

Quanto de autoridade e responsabilidade seu chefe confere a você e quão claros são os limites? Você pode ter algum poder para tomar decisões, mas falta poder a você. A autoridade que possui não pertence de fato a você, e, se ultrapassar o limite no uso da sua autoridade, você pode se envolver em uma enrascada. Nem todos conseguem usufruir da liberdade para acertar ou errar de forma segura. Seu estado mental é diretamente impactado pela clareza com a qual os limites da autoridade e da responsabilidade foram estabelecidos. Quanto mais vagas essas noções forem, maior será o potencial de estresse.

2. Iniciativa enfraquecida

Se você for de fato um bom líder, provavelmente não pensará em obstáculos, mas sim em oportunidades. Você é uma pessoa de iniciativa. Afinal de contas, a característica principal dos líderes é a capacidade de fazer as coisas acontecerem. Com um bom chefe, esse traço sempre aumenta as responsabilidades. Com um mau chefe, ela sempre conduz ao conflito.

Você precisa perceber que quanto mais forte for seu desejo natural por ter iniciativa, maior será o potencial para tensão e conflito com um chefe fraco. Se você ultrapassar os limites continuamente, sem tato ou sabedoria, provavelmente causará irritação aos outros, sobretudo se sua iniciativa faz seu chefe se sentir inseguro.

3. Ambiente em que a liderança não é valorizada

Toda organização tem um ambiente único. Se você tiver uma educação militar, não pode entrar em um ambiente corporativo e esperar que ele funcione como o exército ou a marinha. Se sua experiência for em grandes corporações e você for trabalhar em uma empresa de organização familiar, provavelmente terá problemas para se adaptar. O proprietário de um pequeno negócio não se sairia bem em um ambiente militar sem fazer mudanças na forma como está acostumado a liderar. Trata-se apenas de bom senso.

Quão importante é o fator ambiente na sua organização? Será que você não está encontrando dificuldades por estar não apenas "batendo de frente" com o seu chefe, mas também indo contra a cultura de toda a organização?

Embora o seu chefe não possa ou não queira liderar, você precisa observar isso, pois representa a cultura da organização como um todo. Você sempre encontrará dificuldades, a menos que amplas mudanças ocorram a partir do topo.

4. Falta de parâmetros profissionais claros

Você já observou o nível de tensão que atravessa quando inicia em um trabalho novo? É um tanto elevado, não? Quanto menos familiar o trabalho, maior a tensão. Por quê? Porque desconhece o que realmente é esperado de você.

É dessa maneira que você deve se sentir ao trabalhar para um mau chefe. Se estiver trabalhando sem uma descrição de cargo ou expectativas claras, pode não saber o que se espera de você. Essa é outra fonte de tensão diária.

5. Falta de consideração

Quando você trabalha em uma organização liderada por um chefe fraco, não deverá receber muito reconhecimento público ou consideração. Simples assim. Quanto maior for o seu desejo de receber crédito e reconhecimento, é provável que mais frustrado você se torne. Você precisa decidir por si mesmo se obtém satisfação suficiente para se manter onde está.

Se o chefe que você precisa seguir não é um bom líder, isso não significa que não pode alcançar sucesso. Contudo, para ser franco, isso torna as coisas mais difíceis. Então, o que você pode fazer? Desistir é sempre uma possibilidade. Mas, e se amar a organização para a qual trabalha? E se você acreditar na visão e quiser buscá-la? E se gostar das outras pessoas com as quais trabalha e quiser ajudá-las? Esses fatores transformam a desistência em uma escolha difícil. E se você desistir, e se encontrar no mesmo tipo de situação em uma nova organização? E se você deixar o emprego atual para escapar de um mau chefe e cair nas "garras" de outro em outra empresa?

A boa notícia é que não precisa ser um refém das circunstâncias ou da posição. Você pode aprender a tirar o melhor de uma situação difícil e, ainda sair por cima ao agir dessa forma. Você não precisa se tornar o chefe-executivo da organização ou o responsável pelo departamento para liderar de forma efetiva. É possível gerar um impacto positivo por meio da sua liderança onde você está, mesmo que se reporte a alguém que seja um dos maus tipos de chefe que eu descrevi. Como? Ao liderar bem a si mesmo. Ao encontrar maneiras de trabalhar com seu chefe. Ao desenvolver sua influência onde quer que esteja. Ao evitar as minas terrestres mais comuns que vem à tona ao se trabalhar com um mau chefe. E ao crescer e provar o seu valor diariamente.

Reconheço que essas soluções não vão resolver sua situação da noite para o dia, e você continuará a enfrentar desafios. Poucas coisas podem ser mais enlouquecedoras do que trabalhar para um líder ineficaz. Porém, você não pode controlar seu líder. Você não tem controle sobre ninguém, a não ser sobre si mesmo. Então, é por aí que precisa começar.

CAPÍTULO 2

LIDERE-SE BEM, ANTES DE MAIS NADA

Você já trabalhou com pessoas que não sabiam como liderar a si mesmas? Ou pior, já trabalhou para pessoas em posições de liderança que não conseguiam lideram a si mesmas? Talvez essa seja a razão pela qual você escolheu este livro!

Essas pessoas são como o corvo da fábula que li uma vez. O corvo está sentado em uma árvore, sem fazer nada o dia todo. Um pequeno coelho viu o corvo e perguntou: "Será que posso me sentar e ficar o dia todo sem fazer nada como você?".

"Claro", respondeu o corvo, "por que não?". Então, o coelho se sentou no chão, logo abaixo do corvo. De repente, apareceu um lobo, avançou sobre o coelho e o devorou.

A moral irônica da história é que se você ficar o dia inteiro sentado sem fazer nada, é melhor que escolha uma posição bem elevada para se sentar. Mas, se estiver no patamar em que as ações estão acontecendo, você não pode arriscar ficar sentado sem fazer nada.

Se quiser ser bem-sucedido na sua carreira, não pode deixar de encarar a tarefa de se liderar bem. É verdade que os líderes precisam se aperfeiçoar na capacidade de liderarem a si mesmos de maneira a exercer a liderança de forma eficaz, mas também é importante notar o poder que a autoliderança exerce sobre os outros. Nada pode causar uma melhor impressão sobre seus líderes e as outras pessoas que trabalham com você do que sua capacidade de liderar a si mesmo com maestria. Essa capacidade gera credibilidade, o que reduz atritos nas relações interpessoais, incluindo a relação com os seus chefes.

O que significa liderar a si mesmo com maestria? Significa se autogerenciar, aprender a fazer melhores escolhas, pensando ao pensar da maneira que os líderes pensam, e desenvolver uma atitude mais positiva. Vamos dar uma olhada em cada uma dessas áreas.

CREDIBILIDADE POR MEIO DE AUTOGERENCIAMENTO

Vamos dar uma olhada no autogerenciamento. Percebo que a maioria das pessoas dá muita atenção à tomada de decisões e pouca atenção ao gerenciamento de decisões. Como resultado, faltam foco, disciplina, intenção e propósito. Costumamos pensar que autoliderança significa tomar boas decisões todos os dias, quando, na realidade, o que precisamos é tomar poucas decisões determinantes em áreas fundamentais e, então, gerenciá-las no dia a dia.

Veja um exemplo clássico do que quero dizer. Você já fez uma promessa de ano novo sobre começar a se exercitar? Você provavelmente sabe que se exercitar com regularidade é importante. Tomar a decisão de começar não é tão difícil, mas gerenciar essa decisão — dando continuidade — pode ser muito difícil. Você se matricula em uma academia com a melhor das intenções, mas quando chega lá, não encontra um lugar para estacionar, se depara com um vestiário lotado e todos os equipamentos ocupados.

Quando um equipamento finalmente é liberado, pode ser que não seja aquele que você queria. Tudo demora mais do que o esperado, e os resultados são muito mais lentos do que você desejava. Tem até fila para o chuveiro.

Ao sair, você encontra o gerente da academia e resolve reclamar da lotação. Ele responde: "Não se preocupe. Volte daqui a três semanas e poderá ter a melhor vaga de estacionamento e escolher a máquina que quiser. Até lá, 98% dos alunos que se matricularam terão abandonado a academia". Você precisa se gerenciar bem para fazer parte dos 2% que permanecem firmes.

Se quiser ganhar credibilidade com seu chefe e com os outros, foque sua atenção em cuidar dos negócios nas sete áreas descritas a seguir.

1. Gerencie suas emoções

Gerenciar emoções é importante para todos. Ninguém gosta de perder tempo com uma bomba-relógio emocional pronta para explodir a qualquer momento. Seu chefe pode até te frustrar, mas sair do sério com ele só vai piorar as coisas. Se você tem ou almeja uma posição de liderança, é ainda mais importante que consiga gerenciar suas emoções, porque tudo o que os líderes fazem afeta diretamente as outras pessoas.

Você precisa dosar quando demonstrar emoções e quando contê-las, sobretudo se lidera outras pessoas — ou pretende. Às vezes, demonstrar emoções é positivo, porque ajuda os outros a saberem o que você está sentindo. Demonstrar pode servir para motivá-las. Seria manipulação?

Eu acho que não, contanto que suas emoções sejam verdadeiras e sua exposição beneficie a equipe e não seu interesse pessoal. Por enxergar mais e à frente dos outros, líderes sempre são os primeiros a captar emoções. Permitir que a equipe perceba o que você está sentindo pode ajudá-la a enxergar o que você enxerga.

Há momentos em que é preciso segurar os seus sentimentos. Não estou sugerindo que você negue ou enterre suas emoções, mas pode ser que você precise contê-las. O mais importante em relação ao gerenciamento emocional é que você deve colocar os outros em primeiro lugar — não você mesmo — ao definir como lidar ou processar sentimentos. Demonstrando ou contendo suas emoções, a decisão não deve ser baseada na sua própria gratificação. Pergunte a si mesmo "O que a equipe precisa?", e não "O que fará com que eu me sinta melhor?".

2. Gerencie seu tempo

Questões ligadas ao gerenciamento de tempo são particularmente problemáticas para pessoas que se sentem paralisadas por indecisão. Líderes no topo podem delegar tarefas. Trabalhadores no patamar de baixo, geralmente são pagos por hora e fazem o que podem enquanto estão dentro do horário de expediente. Por outro lado, líderes de organizações são estimulados — e frequentemente se espera deles — a trabalharem muito mais do que o trivial, a fim de poderem "dar conta do recado". Quanto melhor você gerencia seu tempo, mais coisas conseguirá realizar dentro de um período menor. Essa é uma das melhores maneiras de lidar com as exigências complexas quando se espera mais de você.

Em *O que fazer entre o nascimento e a morte* (Wm. Morrow & Co., 1992), Charles Spezzano sustenta que as pessoas não pagam por coisas com dinheiro, mas sim com tempo. Se você diz a si mesmo "Dentro de cinco anos pouparei o suficiente para comprar uma casa de férias", o que você realmente está dizendo é que sua casa custará cinco anos de trabalho — ou um doze avos de sua vida adulta. "A expressão consumir tempo não é uma metáfora", diz Spezzano. "É como a vida funciona na prática".

Em vez de raciocinar em termos monetários sobre o que você faz e compra, raciocine em termos de tempo consumido. No que vale a pena dedicar seu tempo de vida? Observar seu trabalho sob essa perspectiva pode alterar a forma como você gerencia seu tempo.

Aqui vão duas ideias que podem te ajudar a melhor gerenciar seu tempo. Comece por determinar, diariamente, quais atividades são mais importantes e lide com elas primeiro. Em segundo lugar, pergunte a si mesmo quanto tempo vale a pena dedicar a uma determinada tarefa antes de iniciá-la e, então, tente executá-la dentro do tempo determinado. Se você estiver dedicando mais tempo a uma tarefa do que deveria, é sinal de que precisa fazer ajustes. Quando mais eficiente você conseguir ser no tempo determinado, mais conseguirá entregar e mais será respeitado.

3. Gerencie suas prioridades

Uma das coisas mais frustrantes quando se trabalha para os outros — sobretudo para um mau chefe — é não ter controle total sobre sua lista de responsabilidades ou sobre seu cronograma. De qualquer forma, isso não significa que você deva desistir de gerenciar suas prioridades. O que se pode fazer? Tente encontrar um jeito de gerenciar suas prioridades e valorizar seu tempo, por exemplo, usando o modelo a seguir:

- **80% do tempo:** trabalhe naquilo que você é mais forte;
- **15% do tempo:** dedique-se ao que está aprendendo;
- **5% do tempo:** trabalhe em outras áreas que sejam necessárias.

Talvez não seja tão fácil assim, e leve algum tempo até chegar lá, mas é o que você deve se empenhar para conseguir. Se existem pessoas trabalhando para você, tente repassar a elas aquilo em que você não é bom, mas elas são. Ou, se possível, negocie algumas tarefas com seus colegas, de modo que cada um atue nos seus pontos fortes. Uma das maneiras de se tornar melhor naquilo que se faz e ser reconhecido por isso é migrar, gradualmente, de generalista para especialista, de alguém capaz de fazer muitas coisas bem para alguém capaz de fazer poucas em nível excepcionalmente bom.

Você também deve parar de fazer coisas que gosta, mas que não são necessárias ou trazem um retorno elevado. O fato de gostar de alguma coisa não significa necessariamente que deve mantê-la na sua lista de afazeres. Se for um ponto forte seu, faça. Se te ajuda a crescer, faça. Se o seu líder diz que você precisa cuidar disso pessoalmente, vá em frente. Qualquer coisa além disso, é uma candidata em potencial para a lista de coisas que você deve deixar de fazer ou simplesmente delegar.

4. Gerencie sua energia

Algumas pessoas precisam dosar a própria energia de forma que não fiquem esgotadas. Mesmo as pessoas com altos níveis de energia podem ter esse estoque sugado delas ao lidar com circunstâncias adversas, como trabalhar para um chefe difícil. Eu observei que líderes nessa situação geralmente têm de lidar com o que eu chamo de "o ABC do desperdício de energia".

- **Atividade sem direção:** quando se faz coisas que parecem não ter relevância.
- **Batalha sem ação:** quando não se consegue fazer coisas que realmente importam.
- **Conflito sem resolução:** quando existe falha em lidar com a questão principal.

Se você acredita estar em uma organização na qual precisa lidar frequentemente com os fatores ABC, talvez por trabalhar com um líder ineficaz, terá de dedicar esforço adicional para gerenciar bem a sua energia. Faça seu trabalho mais importante quando estiver no seu melhor estado, ou seja, quando seu nível de energia estiver elevado e sua mente, aguçada. Execute aquilo que for ABC durante seus momentos de baixa.

5. Gerencie sua forma de pensar

Quando se está atarefado demais fica difícil raciocinar. Se você é um líder de nível médio em uma organização, certamente está entre as pessoas mais atarefadas. Se sentir que o ritmo de vida está muito desgastante e te impede de parar para refletir, adquira o hábito de anotar aquelas poucas tarefas que requerem o melhor da sua capacidade de raciocínio e planejamento. Reserve tempo para refletir sobre esses itens mais importantes, o que acontecerá provavelmente depois do horário de expediente. Você pode dedicar 30 minutos por dia em casa, refletindo diariamente, ou manter uma lista semanal para dedicar algumas horas aos sábados. Só não deixe a lista ficar extensa a ponto de te intimidar ou desencorajar.

No livro *Thinking for a Change* eu sugeri aos leitores que reservem um lugar específico para refletir e escrevi a respeito da "cadeira da reflexão", que mantenho em meu escritório. Eu não me sento naquela cadeira sem uma lista de prioridades, apenas esperando que uma boa ideia me ocorra. O que faço é me debruçar sobre a lista de itens que foram anotados quando eu estava ocupado demais para pensar sobre eles em um dia corrido. Levo a lista para a minha cadeira, coloco bem na minha frente e dedico a cada item o tempo que for necessário. Às vezes, trata-se de avaliar uma decisão já tomada. Em outras, reflito sobre decisões que ainda terei de tomar. Há momentos em que desenvolvo estratégias. E, há aqueles em que procuro usar a criatividade para dar corpo a ideias.

Quero encorajar você a tentar gerenciar sua forma de pensar dessa maneira. Se nunca fez isso antes, você ficará espantado com o retorno. E saiba o seguinte: um minuto de reflexão vale mais do que uma hora de conversa ou trabalho não planejados. Um plano criado em um momento de reflexão, abre caminho para o seu melhor trabalho.

6. Gerencie suas palavras

Meu mentor, o lendário treinador de basquete John Wooden, disse, "Mostre-me o que você pode fazer. Não venha apenas me falar sobre o que você consegue fazer". Eu acredito que essas palavras já foram ditas ou ocorreram aos bons líderes ao lidar com um empregado — porque bons líderes valorizam a ação. Se alguém dá uma pausa no que estiver fazendo para ouvir o que o outro tem a dizer, as palavras têm que ter valor. Precisam fazer a diferença.

Se quer ter certeza de que o que você diz tem peso, meça bem suas palavras. A boa notícia é que se você gerenciar o seu pensamento e tirar vantagem do tempo dedicado à reflexão, provavelmente verá progressos na forma como controla suas palavras. Se tiver algo relevante a dizer, diga de forma direta e sucinta. Se não, em muitos casos, a melhor atitude é ficar em silêncio. No capítulo 5, darei conselhos mais específicos sobre quando dizer e quando não dizer algo ao seu chefe.

7. Administre sua vida pessoal

Você pode fazer tudo certo no trabalho e se conduzir bem nesse campo, mas se sua vida pessoal é uma bagunça, mais cedo ou mais tarde algo vai dar errado. Que vantagem tem um líder ao ascender ao topo do organograma organizacional, mas perder o casamento ou ficar longe dos filhos? Na condição de quem passou muitos anos aconselhando pessoas, eu posso assegurar, nenhuma carreira de sucesso justifica tais perdas.

Há muitos anos, uma das minhas definições sobre sucesso é a seguinte: ter perto de mim aqueles que mais me amam e me respeitam. Isso é o mais importante. Quero o amor e o respeito da minha esposa, filhos e netos, antes de almejar o respeito daqueles que trabalham comigo. Não me leve a mal. Quero que as pessoas que trabalham comigo me respeitem também, mas não às custas da minha família.

Se eu falhar na administração de mim mesmo em casa, o impacto negativo transbordará sobre todas as áreas da minha vida, incluindo o trabalho.

Muitas pessoas subestimam o quanto os desafios enfrentados com um chefe difícil resultam de sua própria incapacidade de gerenciar e liderar a si mesmos. Se você quer estabelecer um relacionamento melhor com o seu chefe, precisa primeiro liderar a si mesmo de forma eficaz. Liderar-se bem irá trazer benefícios na relação com seus colegas e equipe. A credibilidade vem, em primeiro lugar, da forma como você conduz a si mesmo. Constatei as seguintes verdades:

- Se não consigo liderar a mim mesmo, os outros não me seguirão.

- Se não consigo liderar a mim mesmo, os outros não me respeitarão.
- Se não conseguir liderar a mim mesmo, os outros não farão parcerias comigo.

Quanto mais certeza você tiver sobre estar fazendo exatamente o que deveria ser feito, maiores serão as chances de proporcionar impactos positivos nos outros.

COMO TOMAR DECISÕES MELHORES

Se já estiver bom na maneira como gerencia a si mesmo, está no caminho certo. Autoliderança também envolve pensar da forma como pensa um líder e tomar decisões com base nisso. Você precisa prestar atenção no seguinte para desenvolver essas habilidades.

Pense no longo prazo

Muitas pessoas em organizações não olham de forma prospectiva, incluindo maus chefes. Se você quer ser um empregado melhor, ou um líder melhor, precisa focar em muito mais do que simplesmente a tarefa que tem em mãos, e enxergar além do momento atual. Bons líderes de si mesmos enxergam na frente, seja algumas horas, dias ou anos. A empresa continuar prospectando no futuro, dependerá disso. É preciso pensar no longo prazo.

Enxergue em um contexto maior

A maioria das pessoas avalia os acontecimentos em suas vidas conforme elas serão pessoalmente afetadas. Para liderar a si mesmo de uma forma mais benéfica para a organização, você precisa pensar em um contexto mais amplo. Veja como algo afetará os que estão acima, ao lado e abaixo de você. Tente enxergar tudo em termos da organização e para além.

É fundamental enxergar sua área como parte de um processo maior e compreender como as peças desse grande quebra-cabeça se encaixam. Encontre as respostas para as perguntas seguintes:

- Como eu me encaixo na minha área ou departamento?
- Como todos os departamentos se encaixam dentro da organização?
- Onde nossa organização se encaixa no mercado?
- Como nosso mercado está relacionado a outras indústrias e à economia?

Se deseja resolver problemas de liderança que seu chefe não quer resolver, amplie seu raciocínio e trabalhe enxergando uma perspectiva maior.

Ultrapasse limites

Enquanto autogerenciamento significa ter disciplina para seguir firme com as regras estabelecidas para si mesmo, liderança tem a ver com fazer as coisas avançarem. Geralmente, significa aprender a pensar "fora da caixa". Significa superar limites usando a sensibilidade. Líderes encaram o desafio de encontrar um caminho melhor, de obter melhorias. Querem ver progresso. Se você tem predisposição natural para a liderança, provavelmente quer realizar mudanças, aposentar velhas regras, criar procedimentos. Se não, comece a perguntar "Por que fazemos tal coisa dessa maneira? Tudo bem se tentarmos fazer isso de forma diferente?" Tente superar limites com gentileza e tato, sem forçar a barra.

Coloque ênfase maior nos intangíveis

Liderança é de fato um jogo de intangíveis. Digo isso porque liderança é influência, e o que poderia ser mais intangível? Para liderar bem a sim mesmo e os outros, você terá que aprender a lidar com coisas como motivação, momento oportuno, emoções, atitudes, atmosfera e tempo certo. Como aferir o tempo certo para realizar algo? Como definir com exatidão o tempo oportuno? Para medir essas coisas, é preciso ler nas entrelinhas. Aperfeiçoe-se na capacidade de lidar com conceitos que não podem ser mensurados.

Em muitos casos, as questões declaradas nas organizações não correspondem aos verdadeiros problemas. Digamos, por exemplo, que um departamento se encontra em débito de $ 100.000,00, no final de um quadrimestre. O problema aqui não é dinheiro. O déficit é apenas a evidência do problema. O problema real pode estar no ânimo da força de vendas, no ritmo de lançamento de produtos ou na atitude do líder do departamento. Ao ler nas entrelinhas e examinar os intangíveis, é possível descobrir onde os problemas reais estão e proceder de forma mais impactante para resolvê-los.

Aprenda a confiar na intuição

Como líderes aprendem a trabalhar com intangíveis? Eles aprendem a fazer uso da intuição. Quanto mais você focar sua atenção em intangíveis, em vez de tangíveis, em princípios, no lugar de práticas, melhor estará aproveitando as informações para usá-las no futuro, e mais aguçada se tornará sua intuição. Intuição por si só pode não ser suficiente, mas nunca se deve ignorá-la.

Professor de negócios, consultor e guru de liderança, Warren Bennis disse: "Parte do pensamento em nível cerebral inclui aprender a confiar no que Emerson chamou de 'impulso abençoado', a visão que te mostra em um lampejo e sem sombra de dúvidas a coisa certa a ser feita. Todos têm essas visões; líderes aprendem a acreditar nelas."

Comece a prestar atenção nos seus instintos. Se você tiver aquela intuição sobre algo que está errado ou pode ser a origem de um problema, preste atenção e veja o que acontece. É provável que confirme a exatidão de sua intuição. Se não estava certa, procure identificar e compreender os sinais errados que captou. Na realidade, você pode fortalecer a sua intuição dessa maneira.

Invista seu poder nos outros

Se você quer se tornar um líder melhor, deve buscar maneiras de compartilhar o poder que tem. Seja o tipo de poder que for. Se você já teve um chefe controlador, sabe o quão difícil é trabalhar para esse tipo de chefe. Em vez de formar equipes, eles controlam custos, controlam qualidade, controlam eficiência e controlam pessoas. Contudo, liderar não significa controlar, mas sim liberar.

Para ser um líder melhor, procure pessoas boas e invista nelas até o ponto em que possam ser liberadas e revestidas de poder para atuar. As pessoas precisam ser orientadas e encorajadas. Contudo, esse processo não é suave. Na realidade, geralmente é marcado por solavancos. Quanto melhores forem os líderes, mais encantados ficam ao ver membros da equipe encontrar suas próprias fórmulas para dar conta de suas atribuições. No caso dos melhores líderes, eles ficam ainda mais satisfeitos quando são superados por algum membro da equipe que encorajaram. Tente adotar esse modelo mental.

Encare a si mesmo como um agente de mudança

O psicólogo e escritor Charles Garfield disse:

> Grandes realizadores não encaram realizações como um estado fixo nem como um paraíso seguro no qual o indivíduo é atracado, completo, feito. Nunca ouvi um grande realizador falar sobre o final de um desafio, entusiasmo, curiosidade ou encantamento. Muito pelo contrário, uma das características mais envolventes é um talento contagioso para avançar no futuro, criando novos desafios, vivendo com um senso de que há sempre "mais trabalho a ser realizado".

Isso também se aplica aos líderes. Eles não querem que as coisas permaneçam do mesmo jeito. Desejam inovação; amam novos desafios. Querem muito mais do que simplesmente ver o progresso — querem ajudar a fazer acontecer. Mais que isso, eles chamam a responsabilidade para fazer acontecer na condição de agentes de mudanças. Esse é o tipo de modelo mental que você deve adotar para se tornar um líder melhor.

Liderança é um alvo em movimento e sempre será. Se você deseja se tornar melhor na tarefa de liderar a si mesmo, acostume-se às mudanças. Se quiser tirar o melhor proveito da situação difícil que é trabalhar para um mau chefe, aprenda a pensar como um líder. Pense nas pessoas, no progresso e nos intangíveis.

Desenvolva e mantenha uma atitude positiva

Existe mais uma área que você deve considerar para liderar a si mesmo de uma maneira excepcionalmente boa. Você precisa desenvolver uma atitude positiva. Pessoas que trabalham para maus chefes geralmente sentem que não são reconhecidas nem consideradas. Não recebem crédito ou reconhecimento que desejam ou merecem. É difícil trabalhar em equipe, permanecer positivo e continuar contribuindo nessas circunstâncias. Como você mantém sua cabeça erguida?

Concentre-se mais nos seus deveres do que nos seus sonhos

Certa vez, perguntaram ao célebre compositor e regente Leonard Bernstein qual instrumento ele considerava o mais difícil de tocar. Após uma breve pausa, ele respondeu: "Segundo violino, consigo arrumar muitos músicos para o primeiro violino, mas arranjar alguém que toque o segundo violino com entusiasmo — é uma dureza." Podemos nos tornar tão focados em nossos sonhos e objetivos a ponto de perder de vista as responsabilidades primárias.

Pessoas que cultivam uma atitude positiva prestam mais atenção na produção do que na promoção. Se você "entrega o produto" de forma consistente, conforme menciona o poeta Walt Whitman, no final das contas você será notado. Mas ainda mais importante, se fizer um bom trabalho, estará satisfeito com o que faz, mesmo naqueles momentos em que os outros não reconhecem o seu empenho.

Considere o valor da sua posição

Nem todos entenderão ou ficarão felizes com seu trabalho, mas é importante que você o faça. Cada cargo tem seu valor, mas, frequentemente, não valorizamos determinados cargos. Você transforma o que faz em algo importante ao valorizar o seu trabalho e dar o seu melhor. Se menospreza o cargo que tem, deve ser em função do que eu chamo de "doença de destino" ou "síndrome da galinha do vizinho". Se você foca sua atenção em algum outro lugar, por pensar que lá seria melhor, então não vai aproveitar onde está e nem fazer o que deveria para ser bem-sucedido. Fique no presente.

Encontre satisfação ao conhecer a verdadeira razão para o sucesso de um projeto

Em seu livro *Good to Great* (Harper Business, 2001), Jim Collins escreve a respeito do que chama de líderes do quinto nível. Ele diz que esses líderes, que tocam suas organizações de forma silenciosa e humilde, são muito mais eficazes do que os líderes chamativos, carismáticos e espalhafatosos. Uma das razões que me faz acreditar nisso é que bons líderes compreendem que não merecem todos os louros pelo sucesso de uma organização. Sucesso vem do conjunto das pessoas que dão conta do trabalho.

Quando você faz um bom trabalho e reconhece o impacto gerado por ele, deixe que isso te dê grande satisfação. Deixe que isso o motive. A definição de um estado de ânimo elevado é: "Eu faço a diferença". Quando você tem consciência de que está dando uma grande contribuição, precisa de menos motivação externa e menos elogios de um chefe que poderá nunca agir assim.

Receba os cumprimentos de outros em situações similares

Não existe cumprimento maior que o reconhecimento e a consideração de alguém cujas circunstâncias, cargo ou experiência são parecidos com os seus, não é mesmo? Um músico certamente gosta de receber o cumprimento de um admirador, mas o elogio vindo de outro músico tem um significado maior. Quando um empreendedor diz que alguém é bom em detectar oportunidades, acredite. Da mesma forma, quando alguém que está liderando a partir do meio da organização diz a você "Bom trabalho!", receba o elogio de coração. Lembre-se das palavras do romancista Mark Twain: "Um elogio pode me manter empolgado por um mês inteiro". Todos gostam de palavras de incentivo vindas do chefe e muitos batalham para ouvi-las. Porém, o cumprimento de um colega que passou pelos mesmos obstáculos que você realmente tem mais significado.

Evite a autopromoção e se comprometa com a promoção desapegada

A autopromoção diz: "Se você não tocar sua própria trombeta, ninguém a tocará para você". A promoção desapegada diz: "Só quero ajudar a orquestra a executar uma bela canção!". Dê uma olhada na diferença entre os dois tipos de promoção:

Autopromoção		Promoção desapegada
Eu primeiro		Primeiro os outros
Subir		Construir
Retêm informações		Compartilha informações
Recebe o crédito		Dá crédito
Segura a bola		Passa a bola
Se esquiva da culpa		Aceita responsabilidade
Manipula os outros		Motiva os outros

Eu acredito que a motivação em uma promoção desapegada recai sobre um modelo mental marcado pela abundância. Tim Sanders, autor de *Love is the Killer App* (Crown Business, 2002), fala sobre esse assunto, assim como fez Stephen Covey uma década antes. Sanders sustenta que existe abundância de recursos, crédito e oportunidades para todos. Na realidade, ele acredita que um modelo mental marcado pela escassez está na raiz da maioria dos conflitos. É possível se sobressair trabalhando para um mau chefe, se você tiver um modelo mental de abundância. A maioria das pessoas que dá duro no trabalho, espera coisas boas acontecerem e acredita na abundância, experimenta a vida que espera ter.

A boa liderança nunca passa despercebida. O lendário treinador de futebol americano do Green Bay Packer, Vince Lombardi, disse certa vez: "Alguns de nós vão fazer um bom trabalho, outros não. Mas todos seremos julgados de acordo com um só critério — o resultado". Pessoas que lideram a si mesmas extraordinariamente bem têm resultados — e são notadas.

Se você cuida de fazer bem o que precisa fazer, você se destacará. Além disso, você também se colocará em uma posição que lhe permitirá desenvolver sua influência, que é o tema do nosso próximo capítulo.

CAPÍTULO 3

ENCONTRE MANEIRAS DE TRABALHAR COM SEU CHEFE

Poucas situações podem ser mais enlouquecedoras para qualquer um com potencial para liderança do que trabalhar para um líder que não lidera. O mais frustrante é que a maioria dos maus chefes não tem ideia de quão ruins realmente são como líderes. Pessoas altamente qualificadas sempre conseguem identificar aquelas com baixos níveis de qualificação, mas pessoas pouco qualificadas não detectam com precisão as habilidades das que estão mais bem posicionadas em termos de qualificação. Isso é particularmente verdadeiro em liderança. Então, o que você deve fazer?

COMECE COM SEU CORAÇÃO

Em primeiro lugar, você tem que aceitar o fato de que consertar seu chefe não é uma atribuição sua. Nem seria possível. Algumas pessoas podem consertar a si mesmas — se percebem que têm problemas, desejam se consertar e estão dispostas a encarar a empreitada. Em vez disso, o que você precisa fazer é encontrar maneiras de trabalhar com seu chefe, não contra ele ou ela. Esse processo precisa começar com uma mudança no coração.

1. Desenvolva um relacionamento genuíno com seu chefe

A reação que a maioria das pessoas têm quando trabalham para um mau chefe é se afastar e colocar barreiras na relação. Isso acontece pelo impulso de protegerem a si mesmas. Você precisa lutar contra esse impulso. Se transformar seu líder em um adversário, você criará uma situação em que ninguém sai vencedor. E, se você se permitir desenvolver desprezo pela pessoa, ambos sairão machucados.

Em vez disso, construa uma ponte de relacionamento. Tente conhecer melhor ele ou ela. Encontre um meio termo. Construa uma relação profissional sólida. Nesse processo, reafirme seu compromisso com a missão da organização. Ao fazer isso, você se insere na equipe. Não deixe a inaptidão do seu chefe para liderar transformá-lo em um inimigo.

2. Identifique e considere os pontos fortes do seu chefe

Todos têm pontos favoráveis — até mesmo um líder ineficaz. Esforce-se por encontrá-los na pessoa para a qual você trabalha. Talvez não seja muito fácil. Talvez, esses pontos fortes não correspondam a qualidades que você valoriza ou admira. Não importa. Será que seu chefe é bondoso, criativo, detalhista, extrovertido, concentrado, sonhador? Tente enxergar com lupa para encontrar traços positivos. Busque habilidades. Pergunte sobre sua história, educação e experiências passadas. Qualquer coisa e tudo quanto for possível. Considere como os aspectos positivos dele poderiam beneficiar a equipe ou a organização.

3. Comprometa-se a agregar valor aos pontos fortes do seu chefe

O caminho para o sucesso da sua carreira consiste em maximizar seus pontos fortes. A premissa é igualmente verdadeira em relação ao seu chefe. Uma vez que você detectou os pontos fortes dele e como podem ser transformados em um patrimônio para a organização, busque maneiras de ajudar seu chefe a alavancá-los.

Sei o que você deve estar pensando: "Não quero fazer isso. Por que deveria ajudar meu mau chefe?" Mas qual seria a alternativa? Se não der seu melhor e não ajudar o seu chefe a fazer o mesmo, será que você estará ajudando a sua organização? Será que estará adiantando o seu lado? Será que estará melhorando ou piorando as coisas para todos os integrantes da equipe? Seus próprios sentimentos negativos não contam. Para se livrar da situação atual, é preciso tomar a atitude mais nobre e ajudar seu chefe.

4. Encontre maneiras de complementar os pontos fracos do seu chefe

Líderes sábios não apenas alavancam seus pontos fortes, mas também se cercam de profissionais complementares para cobrir seus pontos fracos. Delegam poder a pessoas que trabalham com eles, de modo a preencher suas lacunas. Por exemplo, um líder que não é detalhista dará a outros membros da equipe responsabilidades por atividades que requeiram essa habilidade, de modo que deem cobertura a ele.

Pode ser que você não esteja trabalhando para um líder sábio, mas ainda assim é possível desempenhar a função de preencher lacunas com seu chefe. Tenho certeza de que você já sabe de cor a lista completa dos pontos fracos do seu chefe. Entretanto, precisa ser muito cauteloso na maneira como abordar esse assunto. Não aponte o dedo para os pontos fracos do seu chefe. Não suponha que ele tenha consciência de seus pontos fracos. Use a sutileza. Por exemplo, você pode perguntar onde seu chefe precisa de mais ajuda. Se ele pedir ajuda em uma área correspondente a um ponto fraco, ofereça-se para assumir as atribuições e cuide do risco naquela área; ou ajude alguém a preencher essa lacuna. A ideia é liberá-lo para que possa se dedicar ao que faz melhor. Deixe que ele perceba que você quer ajudar. É algo benéfico para todos da equipe.

5. Exponha ao seu líder bons recursos de liderança

Se você está se dedicando a melhorar suas habilidades de liderança, deve ter descoberto muitos bons recursos, como livros, audiolivros ou vídeos. Compartilhe esses recursos com seu chefe. De novo, a forma de abordagem é muito importante. Em vez de dizer "Cara, você precisa disso!", diga algo como "Acabei de terminar este livro e pensei que você também ia gostar de ler". Ou se encontrar algum tipo de conexão ou gancho que acredite chamar a atenção dele, diga "Assisti a um vídeo deste palestrante e pensei em você, porque sua trajetória profissional parece com a dele. Acho que você vai gostar". Então, envie o *link*. Se a tentativa for bem-sucedida, pode continuar na mesma linha com outros conteúdos.

6. Diga coisas positivas sobre seu chefe publicamente

Algumas pessoas têm receio de que se falarem coisas positivas sobre um chefe ineficaz, enganarão os outros ou comprometerão a própria integridade. Ainda, podem se preocupar de que os outros colocarão em xeque sua capacidade de julgamento e avaliação. Mas os outros já estão cientes das limitações de um líder ineficaz e, contanto que suas afirmações sejam verdadeiras e concentradas nos pontos positivos do seu chefe, não vai pegar mal. Essa atitude melhora o relacionamento com seu chefe e aumenta a sua influência.

É verdade que ter um chefe que não lidera é uma dureza, mas o maior desafio é não ceder a atitudes negativas. Isso nos machuca internamente e estraga nosso relacionamento com os outros. Se quiser ser bem-sucedido em suas atribuições atuais e se qualificar para voos ainda mais altos, você precisa ser positivo. Desde que o que está sendo solicitado a fazer não ultrapasse limites éticos ou legais, você precisa agregar valor à organização e ao seu chefe.

CONSTRUA UMA QUÍMICA RELACIONAL

Todas as boas interações entre as pessoas são baseadas em relacionamentos. As pessoas apoiam aqueles com os quais se dão bem. Frequentemente, ensino líderes que é responsabilidade deles estreitar o relacionamento com os seus liderados. Em um mundo ideal, deveria ser assim. Mas, na realidade, se alguém é um mau líder, provavelmente faz muito pouco para se aproximar das pessoas. Isso significa que você deve chamar para si a responsabilidade de estreitar o relacionamento com seu chefe.

A chave para desenvolver um relacionamento produtivo com seu chefe é uma boa química. Às vezes, essa química acontece naturalmente, o que facilita muito. Entretanto, se não acontecer assim, você poderá construí-la. Mas para isso, terá de ser capaz de se adaptar. Isso é o que os bons líderes fazem. Quando se trabalha para um líder que não pode ou não quer liderar, torna-se necessário liderar para cima, ou seja, influenciar de forma positiva as pessoas que estão acima de você no organograma. Veja como começar.

1. Ouça o coração do seu chefe

Da mesma forma que um médico toma o pulso de um paciente para avaliar sua condição física, você precisa ouvir o coração do seu chefe para saber o que o faz bater mais forte. Essa compreensão pode ser facilitada quando você convive e presta atenção no seu chefe em ambientes informais, como uma conversa no corredor, durante o almoço ou em encontros informais, que normalmente acontecem antes e depois de uma reunião. Se você conhece bem seu líder e sente que ele ou ela está receptivo, pode até ser mais direto e fazer perguntas sobre o que realmente importa.

Todas as pessoas têm sonhos, preocupações e anseios. Esses pontos de atenção são como chaves para suas vidas. Pense sobre isso a partir do seu próprio ponto de vista por um momento. Você está consciente sobre as coisas que te tocam em um nível emocional mais profundo? Quais são os sinais que essas coisas lhe comunicam? Você enxerga esses sinais no seu chefe? Procure-os, e você provavelmente os encontrará.

Muitos líderes hesitam em permitir que pessoas que trabalham para eles conheçam as chaves que abrem as portas do seu coração, pois acreditam que isso os deixariam em posição vulnerável. Portanto, não aborde seu chefe de maneira desrespeitosa e nunca o trate com irreverência. Agir assim representaria uma violação da confiança. Nunca tente "virar a chave" de forma manipuladora e visando ganhos pessoais.

2. Conheça as prioridades do seu chefe

O "ritmo cardíaco" das pessoas indica o que elas amam fazer. Suas prioridades mostram o que elas devem fazer — e com isso me refiro a mais do que simplesmente suas listas de afazeres cotidianos. Todos os líderes têm obrigações a cumprir, ou falhariam em dar conta de suas responsabilidades. Estou falando de uma lista mais curta, que o chefe do seu chefe chamaria de lista de vida ou morte para aquele cargo. Procure descobrir quais são essas prioridades. Quanto mais inteirado estiver sobre essas obrigações e responsabilidades, melhor você se entenderá com seu líder.

3. Contagie-se com o entusiasmo do seu chefe

É muito mais fácil trabalhar com alguém quando você compartilha do seu entusiasmo. Quando você e um amigo estão animados com algo, como um *hobby* em comum, você não perde a noção do tempo de tão envolvido naquela atividade? É possível passar horas falando sobre o assunto sem jamais ficar cansado.

Caso consiga se contagiar com o entusiasmo do seu chefe, sentirá um efeito igualmente motivador. Isso gera uma empatia instantânea e que cria laços entre você e seu líder. Se conseguir ser contagiado pelo entusiasmo dele, você contagiará outras pessoas porque não conseguirá conter.

4. Tente apoiar a visão do seu chefe

Quando líderes do topo hierárquico ouvem outras pessoas propagando a visão que projetaram para a organização, o coração deles sorri. É muito recompensador, pois representa uma espécie de divisor de águas, nas palavras do escritor Malcolm Gladwell. Isso indica um nível de participação e engajamento dos membros da equipe que conspira para a realização da visão.

Se o seu chefe defende essa visão, será fácil para você os apoiar. Mas e se você tiver dúvidas? E se você não souber qual a visão do seu chefe, ou se ela se alinha à visão da organização? Pergunte. Não economize perguntas. Se a visão dele ressoar a visão do topo hierárquico, maravilha. Apoie-a. Se ela contribui em algum sentido para a visão maior, que vem de cima, fantástico. Seu objetivo é apoiar tanto seu chefe como a organização. A única situação em que você não deve apoiar a visão do seu chefe é quando ela enfraquece ou viola a da organização. Se for esse o caso, faça o que for necessário para apoiar a visão da organização, mas sem gerar hostilidades com seu chefe.

5. Conecte-se aos interesses do seu chefe

Uma das chaves para construir química relacional é conhecer e se conectar aos interesses do seu chefe, se possível. Você já identificou os projetos com os quais seu chefe realmente se importa no trabalho? Se a resposta for afirmativa, é um ponto positivo, mas e em relação aos *hobbies* e interesses fora do ambiente de trabalho? Você os conhece?

É importante saber o suficiente sobre seu chefe para poder se relacionar com ele como um indivíduo para além do trabalho. Se o seu chefe joga golfe, é possível que você queira começar a jogar — ou pelo menos aprender um pouco sobre o esporte. Se ele coleciona livros raros ou porcelana, passe um tempo navegando na Internet para descobrir mais sobre esses *hobbies*. Se ele ou ela se dedica à marcenaria aos finais de semana, leia alguns artigos sobre artesanato em madeira. Você não precisa começar a praticar o mesmo *hobby* ou se tornar um especialista. Apenas aprenda o suficiente para se relacionar com seu chefe e falar com o mínimo de propriedade sobre o assunto.

Líderes, às vezes, se sentem isolados e pensam se alguém os entende. Embora não seja capaz de compreender toda a complexidade da vida profissional do seu chefe, você pode pelo menos entendê-lo ou entendê-la em um determinado nível. Quando líderes que se sentem isolados experimentam uma conexão genuína com alguém que trabalha para eles, isso os marca de uma forma recompensadora e que ajuda a melhorar o relacionamento.

6. Entenda a personalidade do seu chefe

Dois membros da equipe estavam conversando sobre o presidente da empresa, e um deles disse: "Sabe, você não consegue não gostar do cara".

O outro respondeu: "Verdade, se você não gostar dele, ele te manda pra rua".

Se quiser se conectar com seu chefe, cabe a você o papel de se ajustar à personalidade dele. É sinal de sabedoria compreender o estilo do seu líder e de que forma o seu tipo de personalidade interage com a dele. Se sua organização utiliza DISC, Myers-Briggs, Personality Plus, RightPath, ou qualquer outro tipo de ferramenta de avaliação de personalidade, familiarize-se com ela. Aprenda sobre o seu tipo de personalidade. Apreenda sobre a personalidade do seu chefe. Compreenda como ambas se encaixam e faça ajustes pessoais na forma como você interage. Bons líderes se ajustam às pessoas, mas se o seu chefe não é um bom líder, ele não vai se ajustar. Você terá de ser flexível. Pode ser um grande desafio se seu tipo de personalidade não for das mais flexíveis! Mas isso beneficiará a organização e te ajudará a se dar bem com seu chefe.

7. Conquiste a confiança do seu chefe

Quando você investe tempo na química relacional com seu líder, o resultado será confiança —, em outras palavras, moeda relacional. Há muitos anos eu falo sobre o conceito de "grana relacional no seu bolso". Quando você faz coisas que agregam no relacionamento, aumenta a grana relacional no seu bolso. Quando faz coisas negativas, você gasta essa moeda. Se continuar fazendo coisas que seu chefe percebe como negativas — quer elas sejam ou não —, você prejudica o relacionamento e, no final das contas, poderá gastar todo seu recurso e levar o relacionamento à bancarrota.

A história mostra que pessoas que investiram em química relacional acumularam muito dessa "grana" em seus bolsos. Como resultado, o relacionamento pode blindar muitos erros ou problemas. Andy Stanley, que é um líder fantástico, disse: "Lealdade pública resulta em influência no campo privado". Isso significa que, se você ganhar a confiança do seu líder, com o passar do tempo, por dar a ele ou ela apoio público sempre que puder fazê-lo de uma forma sincera, terá conquistado o direito de falar de forma mais assertiva no campo privado quando discordar. Você terá acumulado dinheiro no bolso, o que lhe dará a chance de influenciar seu chefe.

8. Aprenda a trabalhar com as deficiências do seu chefe

O especialista em venda e escritor Les Giblin disse que "é impossível fazer um camarada se sentir importante na sua presença se, no seu íntimo, você sente que ele é um zé ninguém". Da mesma forma, é impossível construir um relacionamento sadio com seu chefe se, no seu íntimo, o desrespeita por causa das suas deficiências. Todos têm pontos cegos e áreas deficientes; não existe algo como um líder perfeito. Para liderar de forma eficaz, é preciso aprender a trabalhar com os pontos fracos. Tente manter o foco nos pontos positivos, e procure superar os negativos. Fazer algo diferente disso vai apenas te prejudicar.

9. Respeite a família do seu chefe

Fico meio relutante ao introduzir o conceito de família no contexto da interação com o chefe no trabalho, mas acredito que vale a pena mencionar. Se seguir todas as demais recomendações, mas a esposa do seu chefe não gosta ou não confia em você, o relacionamento com seu superior terá sempre um elemento de tensão. Você, na realidade, não tem controle sobre isso. O máximo que pode fazer é ser sempre gentil e respeitoso, procurando se dirigir aos membros da família do seu chefe de forma apropriada. Contudo, considere que, se perceber que algum parente importante do seu chefe não gosta de você, mesmo que não tenha culpa alguma, esse fato deve reduzir sua capacidade de influência e poderá até mesmo prejudicar sua carreira.

É possível vincular sucessos e fracassos de uma vida aos relacionamentos. Eu acredito nisso de uma forma tão profunda que transformei essa tese no livro *Vencendo com as pessoas*. Essa obra se aplica à liderança. A qualidade do relacionamento que você tem com seu chefe vai determinar seu sucesso ou fracasso. Vale a pena investir no relacionamento.

CARREGUE O PESO

Ao mesmo tempo em que desenvolve a química relacional, há outra coisa que você pode fazer para ajudar o seu chefe: reduzir a carga sobre ele. A responsabilidade pesa muito sobre os líderes. Quanto mais elevada for a posição no organograma, maior será a responsabilidade. Líderes podem renunciar a muitas coisas. Podem delegar muitas coisas. A única coisa que líderes do topo hierárquico nunca podem deixar de exercer é a última palavra.

Você, provavelmente, já ouviu a expressão "passar a vez", que significa se esconder ou esquivar da responsabilidade. Há quem diga que a expressão teve origem nas mesas de carteado do velho Oeste, em que uma faca da lendária marca Buck era usada para indicar o jogador da vez. Se alguém não quisesse jogar, tinha a opção de passar a vez.

Quando Harry Truman foi presidente dos Estados Unidos, ele costumava manter uma placa sobre a mesa na qual se lia: "Aqui, passar a vez não tem vez". Ele queria dizer que, independentemente de quantas pessoas pudessem ter evitado assumir responsabilidades ao longo da cadeia de comando, ele tomaria as decisões necessárias. Em um pronunciamento no National War College, em 19 de dezembro de 1952, Truman disse: "Sabe, é fácil para o jogador de defesa chegar om uma segunda-feira pela manhã e dizer o que o técnico deveria ter feito, bem depois do encerramento do jogo. Mas, quando a decisão está viva à sua espera — e sobre a minha mesa tenho uma placa com o lema: *Aqui, passar a vez não tem vez* — ela precisa ser tomada". Em outra ocasião, ele disse: "O presidente — seja quem for — precisa tomar decisões. Não pode passar a vez para outra pessoa. Ninguém pode decidir no seu lugar. Eis o trabalho dele".

Seu chefe pode suportar todo peso colocado sobre seus ombros, ou pode passar a vez. Certo é que seu chefe sente o peso da responsabilidade. Como um empregado, você pode fazer uma entre duas coisas para seu chefe. Pode aliviar o peso do fardo, ou torná-lo ainda maior. Se você o ajudar a levantar a carga, estará o ajudando a ser bem-sucedido. Você pode resistir à ideia de ajudar seu chefe a ser bem-sucedido, mas saiba do seguinte: é praticamente impossível vencer se seu chefe fracassar. Por outro lado, quando o chefe vence, a organização sai vencedora.

Devo mencionar que motivos têm importância em relação a dar uma força para levantar a carga do seu chefe. O que estou recomendando é que você ajude a carregar o peso, não seja um bajulador. Tentar progredir na carreira sendo legal com seu chefe de forma superficial seria desperdiçar energias. Além disso, os bons líderes próximos a você perceberão a diferença entre quem realmente quer ajudar e alguém que só está a fim de granjear favores. É preciso ajudar de forma sincera. Aí vão os motivos.

Apoiar mostra que você é um profissional que trabalha em equipe

Quando você ajuda seu chefe em suas responsabilidades, sobretudo quando ele não pode ou não quer liderar, você demonstra a todos que é capaz de colocar a organização e a equipe em primeiro lugar. Demonstra um desapego que favorece a visão. Se sua atitude contribui para a vitória da equipe, seus integrantes levarão isso em conta. E os bons líderes de outros departamentos irão respeitá-lo. Notícias se espalharão — por toda a organização — sobre você ser alguém que contribui de forma positiva.

Apoiar demonstra gratidão por fazer parte da equipe

Há um provérbio chinês que diz o seguinte: "Aqueles que bebem da água devem se lembrar daqueles que cavaram o poço". Gratidão é um dos atributos pessoais mais valiosos, e, às vezes, acho que é um dos menos praticados. Todas as pessoas gostam de se ser consideradas. Não existe um só líder, seja bom ou ruim, fraco ou poderoso, que não aprecia a gratidão dos outros pelas coisas que ele ou ela faz. Apoiar o seu chefe aliviando a carga sobre seus ombros é o mesmo que dizer, "Sou grato por fazer parte da equipe. É bom poder ajudar".

Apoiar transforma você em parte de algo maior

Não é verdade que todas as pessoas têm o desejo de fazer parte de algo mais significativo? Quando você faz parte de algo maior, isso te faz maior. Não é possível contribuir sem ser transformado. Se quer ser melhor, torne-se parte de algo maior do que você.

Apoiar faz você ser notado

Quando você apoia alguém em um momento de dificuldade, é impossível passar despercebido. Mesmo que os outros não percebam o que está fazendo, a pessoa ajudada está. Obviamente, ajudar a levantar o ânimo dos outros não deve ser uma ação esporádica. É impossível cultivar relações de valor ajudando as pessoas somente uma vez. Desejar que o valor dado por você retorne em seu favor deve ser um processo permanente.

Ajudar os outros de forma contínua fará com que queiram ajudar você. Mesmo que o chefe com o qual trabalha nunca chegue para te apoiar, alguém que viu você apoiando ele irá te estender a mão.

Apoiar aumenta seu valor e influência

Você tem um amigo ou parente que sempre facilita as coisas e parece valorizá-lo mais todas as vezes em que estão juntos? Se tiver, tenho certeza de que essa pessoa ocupa um lugar especial no seu coração. Da mesma maneira, profissionais "carregadores de piano" têm um lugar especial no coração dos seus líderes.

Do ponto de vista de um líder, a pergunta é: "Será que estou melhor com eles na minha equipe?". Eis o xis da questão. Se você faz seu chefe se sentir bem por estar na equipe, significa que seu valor está em alta, assim como sua influência.

Quando você apoia seu líder, sua carga certamente aumenta, pois está assumindo mais demandas quando sua situação no trabalho já está difícil. Saiba, entretanto, que o ombro que dá ao seu chefe sempre retorna em forma de ajuda dele a você.

COMO LEVANTAR A CARGA DO SEU CHEFE

Falamos sobre *por que* você deve ajudar seu chefe a carregar o peso dele. O *como* será específico para seu trabalho e situação. Recomendo que você siga seus instintos. Mas, para o caso de você estar em dúvida sobre por onde começar, vou te dar uma série de sugestões.

1. Comece por fazer seu trabalho bem e de forma consistente

Jogador de beisebol do Hall da Fama, Willie Mays, diz: "Não é difícil ser bom em um esporte de tempos em tempos. O difícil é ser bom todos os dias". Quando você é bom todos os dias, dá o primeiro passo fundamental no sentido de aliviar a carga do seu chefe, evitando que ele tenha que carregar o seu peso.

Tive um funcionário que sempre dizia que queria me ajudar. No começo eu pensei: "Que atitude nobre!" Mas, então, comecei a perceber que, apesar de suas solicitações constantes para me ajudar, ele nunca fazia seu *próprio* trabalho. Após constatar que se tratava de um padrão, sentei-me com ele e disse que a melhor maneira de ele me ajudar seria cuidando do seu trabalho. Ele nunca seguiu meu conselho no sentido de fazer o que precisava ser feito. No final das contas, concluí que o que ele queria de fato era passar tempo comigo, não me ajudar. A propósito, tive de demiti-lo.

2. Sempre que encontrar um problema, arranje uma solução

Adoro a tirinha de humor *Peanuts*, na qual Lucy vai até Charlie Brown, que se encontra inclinado em um muro com as mãos sobre a cabeça.

Lucy diz: Desanimado de novo hein Charlie Brown?

Charlie Brown: ...

Lucy: Sabe qual é o seu problema? Todo seu problema se resume ao fato de você ser você!

Charlie Brown: Bem, existe algo que eu possa fazer a respeito?

Lucy: Eu não tenho intenção de dar conselho. Estou apenas apontando a causa do problema.

Pessoas que assumem a carga dos outros não seguem pela vereda de Lucy. Eles estão mais para Henry Ford, que disse: "Não encontre uma falha, encontre uma saída".

Em uma organização que dirigi há muitos anos, havia um monte de "Lucys", que sempre descarregavam problemas sobre a minha mesa e saíam para procurar outros. Então, institui uma regra: qualquer um que quisesse me trazer um problema tinha que apresentar também três soluções potenciais para a questão. Será que fiz isso porque não queria ajudá-los? Não. Tomei essa atitude porque queria que eles aprendessem a ajudar a si mesmos.

Eles rapidamente se tornaram criativos e desembaraçados. Com o passar do tempo, passaram a precisar de menos ajuda e se tornaram profissionais aptos a tomarem melhores decisões, verdadeiros líderes, os quais não apenas resolviam seus próprios problemas, mas viabilizavam soluções. Eles cresceram no meu conceito.

Siga o mesmo padrão. Esteja sempre preparado com, pelo menos, uma solução viável quando for levar um problema ao seu chefe. E, quanto mais soluções, melhor.

3. Diga ao seu chefe o que ele precisa ouvir, mas com sutileza

A maior parte dos bons líderes quer ter a opinião das pessoas nas quais confiam. O especialista em venda Burton Bigelow disse certa vez que pouquíssimos grandes executivos gostam de estar rodeados por pessoas que só sabem dizer sim. A maior fraqueza deles é o fato de que pessoas que só sabem dizer sim constroem em torno deles um muro de ficção, quando o que um executivo mais quer e precisa são fatos. Uma das maneiras de se tornar uma pessoa na qual os líderes confiam é dizer a verdade a eles. Mas você precisa ter sensibilidade.

Se você está lendo este livro, é provável que seu chefe não seja um bom líder, e, por isso, precisa ter cuidado. Se você nunca se dirigiu de forma mais assertiva ao seu chefe e disse coisas que ele precisava ouvir, será preciso ter coragem. Mas, se estiver disposto a isso, estará ajudando ao seu chefe e a você mesmo. Comece devagar e seja diplomático para perceber se ele está aberto para ouvir um *feedback* seu. Se o seu líder for receptivo, poderá se tornar ainda mais direto com o passar do tempo. Se chegar ao ponto em que seu chefe não apenas está disposto a te ouvir, mas deseja ter o seu ponto de vista, tenha em mente o seguinte: sua função é ser um funil, não um filtro. Tome cuidado para não transmitir informações de forma distorcida. Líderes precisam da verdade — mesmo que ela machuque.

4. Faça além do que é esperado de você

O especialista em vendas e motivação Zig Ziglar já disse que não existe congestionamento naquele trecho a mais que você percorre além do que é esperado de você. Quando você faz mais do que lhe é solicitado, certamente se destaca na multidão. Quando sua atitude é marcada pela disposição de fazer o que for necessário para ajudar a organização, você emerge como um profissional necessário e, até mesmo, decisivo. Pessoas que se destacam na multidão geralmente se tornam integrantes do círculo de relacionamento mais próximo do chefe.

5. Apoie seu chefe sempre que puder

Ajudar seu chefe significa dar apoio sempre que puder. O ex-general do Exército e secretário de Estado americano Colin Powell disse: "Quando estamos debatendo uma questão, lealdade da sua parte significa me dar sua opinião sincera, sem se importar se vou gostar dela ou não. A não concordância, nesse estágio, me estimula. Mas uma vez que a decisão é tomada, a discussão cessa. Desse momento em diante, lealdade significa executar o que foi decidido como se a ideia fosse sua".

6. Represente o seu chefe sempre que puder

Todo empregado é um representante da organização em que atua. Indivíduos de todos os níveis também representam as pessoas para as quais trabalham. Assim, eles podem escolher "chegar junto" e assumir o lugar de seus líderes, de modo a representá-los bem e a serviço da organização.

Anos atrás, eu costumava dizer o seguinte aos novos líderes que contratava: todo integrante da organização portava dois baldes. Um balde continha água e o outro, gasolina. Como líderes, eles sempre se deparariam com pequenos focos de incêndio, nos quais poderiam derramar água ou gasolina. A escolha caberia sempre a eles.

Quando você escolhe o balde de água e representa seu chefe de forma positiva, ele vai gostar. Isso é verdadeiro, sobretudo quando o fogo com o qual se depara é relacionado ao seu chefe. Sempre que se trabalha para um chefe que não pode ou não quer liderar, há pessoas resmungando. Não jogue gasolina. Derrame água.

7. Pergunte ao seu chefe como você pode ajudar a levantar o peso

É bom saber de antemão o que o seu chefe pode precisar ou querer. Mas é ainda melhor perguntar. Se você estiver fazendo bem o seu trabalho, de forma consistente, é bem provável que seu líder ficará contente em dizer como ajudá-lo.

Trabalhando como consultor e palestrante, ao longo dos anos, sempre mantive o foco na importância de ajudar os outros a levantar sua carga. Descobri que existem duas abordagens distintas que os profissionais desse setor priorizam. Há um tipo de consultor que chega em uma organização e diz: "É o seguinte: sentem-se e escutem". O outro tipo diz: "O que eu preciso saber? Vamos trabalhar nisso juntos". Da mesma forma, muitos oradores chegam a um evento com a ideia de que chegou o momento de brilharem sob os holofotes, e estão ávidos por dizer o que você pode fazer para ajudá-los. Outros palestrantes reconhecem que o momento é para eles contribuírem, acrescentar valor às pessoas que os convidaram.

Quando sou convidado a falar, sei que estou ali para servir às pessoas, sobretudo os líderes da organização. Quero contribuir acrescentando valor e dando uma força, se puder. Para tanto, pergunto como posso suprir ou apoiar a liderança com as minhas palavras. Na maior parte das vezes, eles aceitam a sugestão. Então, basta alguém fazer uma pergunta.

É difícil encontrar um efeito colateral na iniciativa de adicionar valor ao seu líder e à organização. A única coisa que pode sair machucada é seu ego. Portanto, é preciso olhar para o futuro. Se você fizer a coisa certa e ajudar o seu chefe, com o tempo, alguém reconhecerá seu talento. Alguns vão valorizar sua contribuição. Vão admirar sua capacidade em "dar conta do recado" e ajudar os outros — até mesmo aqueles que têm menos talento que você — a serem bem-sucedidos. Você só não pode se deixar abater pelo sentimento de frustração no curto prazo. Caso perceba que a frustração está tirando o melhor de você, pode ser o momento de mudar de emprego.

Rod Loy, que administra uma grande empresa em Little Rock, Arkansas, diz que, quando era um líder de patamar inferior em uma organização, mantinha uma pasta intitulada "Coisas que eu nunca farei à minha equipe quando me tornar um líder do topo hierárquico". Em vez de extravasar sentimentos negativos aos colegas, sempre que se sentia frustrado, anotava suas observações e as arquivou em uma pasta. Esse hábito o acalmava, evitava que se indispusesse com o seu chefe e garantia que se lembraria das lições assimiladas por erros cometidos por seu superior. Quando apareceu a oportunidade, ele pôde ser um chefe melhor. Trata-se de uma boa sugestão para lidar com uma situação negativa. Você deveria tentar algo parecido.

Influenciar o chefe de maneira positiva não é algo que se possa fazer em um dia. Na verdade, uma vez que não tem controle sob as pessoas que estão acima de você no organograma organizacional, eles deverão se negar a serem influenciados por qualquer um sob a autoridade deles. Por isso, existe a possibilidade de você nunca conseguir trabalhar com eles de forma efetiva. Mas é possível ampliar consideravelmente as chances de sucesso ao procurar ajudar seu chefe. Sua estratégia deve ser fundamentada em apoiar o seu chefe, acrescentar valor à organização e se diferenciar do restante do grupo ao executar seu trabalho com excelência. Se fizer isso de forma consistente, com o tempo, seu chefe passará a confiar e se apoiar em você e procurá-lo quando precisar de um conselho. A cada passo, sua influência é ampliada e você terá cada vez mais oportunidades para ser bem-sucedido.

CAPÍTULO 4

DESENVOLVA SUA INFLUÊNCIA ONDE QUER QUE VOCÊ ESTEJA

A maioria das pessoas que trabalha para um chefe que não pode ou não quer liderar deseja sempre a mesma coisa: um novo cargo, capaz de libertá-los do chefe. Vou te dizer o grande problema desse tipo de raciocínio: um cargo não é a solução.

Se eu tivesse que identificar o principal engano ao qual as pessoas incorrem quando pensam em liderança, eu diria que é acreditar que o poder vem de um cargo ou título. Não é verdade. A Lei da Influência, no livro *As 21 irrefutáveis leis da liderança*, estabelece claramente: "A verdadeira medida da liderança é a influência — nada mais, nada menos". Não é preciso ter um cargo para liderar ou fazer o que precisa ser feito. Nem trabalhar para um grande chefe para ser bem-sucedido. A melhor forma de realizar o trabalho, manter um bom relacionamento com os colegas, liderar uma equipe e trabalhar melhor com um chefe, é desenvolver a sua própria influência.

Se você já leu algum dos meus livros sobre liderança, deve estar por dentro de uma ferramenta de identificação de liderança que chamo de "Os cinco níveis de liderança", a que apresentei pela primeira vez em *Desenvolvendo o líder dentro de você*. Essa ferramenta capta as dinâmicas do desenvolvimento da liderança melhor do que qualquer outra. Nela, eu descrevo o primeiro e o mais baixo nível de liderança como posição ou cargo. É quando as pessoas seguem um líder apenas porque precisam. Líderes que se apoiam no cargo usam o próprio poder para coagir as pessoas. Isso significa que a influência advinda da sua posição não ultrapassará a linha da descrição do seu cargo. Líderes que se apoiam exclusivamente no cargo ou no título obtém resultados limitados.

Para progredir na escala da influência, é preciso subir os degraus da liderança, do primeiro para o segundo nível, chamado de "permissão". Esse nível é baseado nos relacionamentos em que as pessoas te seguem porque querem. Uma vez que você desenvolveu relacionamentos, é possível começar a trabalhar no terceiro nível, a "produção", que é fundamentada em resultados. É quando as pessoas te seguem por causa do que você faz pela organização. O próximo nível é chamado de "desenvolvimento de pessoas", baseado na reprodução. As pessoas te seguem pelo que você faz por elas. Existe ainda um quinto nível, final, chamado de "pináculo", fundamentado no respeito. Nesse nível, as pessoas te seguem pelo que você é e pelo que você representa. Poucos chegam a ele. O importante a ser lembrado é que influência começa com a construção de relacionamentos positivos e não depende do cargo.

Com cada pessoa na organização, você tem um nível diferente de influência, baseado no seu histórico com aquele indivíduo. Todos começamos do patamar inferior, com a totalidade das pessoas, e temos de nos esforçar para subir os cinco níveis com cada um, construindo relacionamentos positivos, ajudando-os a produzir e investindo neles pessoalmente. Não importa qual o seu papel ou se ostenta um título formal. É verdade que, quanto mais baixo for o seu cargo menor será sua autoridade relacionada à posição. Mas isso não limita a sua habilidade de desenvolver influência. Não é preciso nem um tipo de título ou cargo para começar. Você pode ampliar sua influência independentemente de onde esteja em uma organização.

POR QUE AS PESSOAS GERALMENTE ESPERAM DEMAIS ATÉ DESENVOLVER A INFLUÊNCIA

Infelizmente, muita gente espera demais para começar a desenvolver seu poder de influência nas organizações. E, em geral, esperam porque se deixaram dominar por mitos, segundo os quais é cedo demais para começar a liderar outras pessoas. Normalmente, esperam chegar a um determinado cargo que lhes confira permissão. Espero que esse não seja o seu caso. Veja os motivos pelos quais as pessoas esperam demais.

1. O mito do destino

"Quando eu virar chefe, vou começar a aprender a liderar."

Em 2003, Charlie Wetzel decidiu que deveria finalmente encarar um desafio que acalentava há mais de uma década: correr uma maratona. Você acha que Charlie apareceu lá, na linha de largada, no dia da corrida e disse: "Certo, acho que agora é a hora de descobrir como é correr uma maratona"? Claro que não. Ele começou a fazer a lição de casa com um ano de antecedência. Leu reportagens sobre maratonas realizadas pelos Estados Unidos e ficou sabendo que a Maratona de Chicago — realizada em outubro — teve clima favorável na maior parte de suas edições. Ficou sabendo, ainda, que o circuito era plano e mais rápido e que essa maratona era conhecida pelo suporte fervoroso do público, mais do que em qualquer outra no país. Era a opção perfeita para um maratonista de primeira viagem.

Ele também treinou. Começou o processo em meados de abril, aumentando a quilometragem semanalmente até conseguir participar de duas corridas-treino de 32 quilômetros, além de outras corridas. Quando o tão aguardado dia chegou, em outubro, ele estava pronto — e completou a maratona.

Liderança é muito parecido. Se quiser ser bem-sucedido, você precisa aprender o máximo que puder sobre liderança antes mesmo de ter um cargo de liderança. É preciso começar a desenvolver sua capacidade antes mesmo que você precise dela. Liderar da melhor forma possível, onde quer que se encontre, vai te preparar para mais e maior responsabilidade. Tornar-se um bom líder é um processo que dura uma vida inteira. Se você não desenvolver sua influência, colocar suas habilidades de liderança à prova e testar seu processo de tomada de decisões quando a nota de corte está baixa e os riscos são pequenos, fatalmente vai se envolver em problemas nos níveis mais altos, em que o custo dos erros é maior, os impactos são mais prolongados e a exposição é mais acentuada. Erros cometidos em escala menor podem ser facilmente superados. Erros cometidos quando se está no topo custam muito à organização e mancham a credibilidade de um líder. Como disse o treinador do time de basquete da UCLA, John Wooden, "quando a oportunidade aparece, é tarde demais para se preparar".

2. O mito da inexperiência

"Quando eu for o chefe, irei controlar o que acontece."

Você já se pegou dizendo algo do tipo: "Sabe, se eu estivesse no comando, não teríamos feito isso e não teríamos feito aquilo. As coisas certamente seriam diferentes por aqui se eu fosse o chefe"? Se já, deixa eu te contar que existe uma notícia boa e uma má.

A boa notícia é que o desejo de melhorar uma organização e a crença de que você é capaz de fazê-lo é, em geral, a marca de um líder. Como disse Andy Stanley, se você for um líder e outros líderes trabalham para você, eles acreditam que podem entregar um trabalho melhor que o seu. Eles pensam assim mesmo (assim como você), e não há nada de errado com isso. É apenas liderança. Os desejos de inovar, melhorar, criar e encontrar um jeito melhor, são todos característicos de um líder.

Agora a má notícia. Sem a experiência de ser chefe, você provavelmente superestima o tamanho do poder que teria se estivesse no comando. Quanto mais alto você sobe, e quanto maior for a organização, mais você percebe que são múltiplos fatores que controlam uma organização. Para fazer mudanças positivas, precisa ter influência. Quanto mais alto você for, mais vai precisar. Um cargo não te confere controle e também não te protege.

Imaginar que ser o chefe é mais fácil é como pensar que a grama é mais verdinha do outro lado da cerca, ou que a galinha do vizinho é mais gordinha. Estar no comando é algo que apresenta seu próprio conjunto de problemas. Em liderança — independentemente de onde você se encontre na organização — influência é sempre um fator determinante.

3. O mito da liberdade

"Quando eu me tornar o chefe, farei o que quiser."

Às vezes, acho que as pessoas se enganam sobre liderança. Muitas pessoas esperam que seja um passaporte para a liberdade, que proporcionará uma solução para os problemas profissionais e de carreira. Mas ser chefe não é um remédio para todos os males. Você já parou para pensar que ser o responsável em uma organização é algo que muda sua vida? Pensamentos como os a seguir frequentam a sua mente de vez em quando?

- Quando eu chegar ao topo, finalmente conseguirei dar conta.
- Quando eu terminar de subir os degraus da escada corporativa, terei tempo para descansar.
- Quando eu tiver a minha própria empresa, estarei pronto para fazer tudo o que quiser.
- Quando eu estiver no comando, o céu será o limite.

Qualquer pessoa que já teve uma empresa ou foi o líder máximo de uma organização sabe que ideias como essas não passam de fantasias. Ser o chefe não significa que você não tem limites. Não remove a tampa do seu potencial. Não importa o trabalho que você faz ou o cargo que tem; você encontrará limites. É a vida como ela é.

Quando você galga degraus na hierarquia de uma organização, o peso da sua responsabilidade aumenta. Em muitas organizações, a medida em que sobe, acaba descobrindo que o tamanho da responsabilidade aumenta muito mais rápido que o tamanho da autoridade que lhe foi dada. Quanto mais alto for o cargo, mais será esperado de você. A pressão é mais intensa, e o impacto de suas decisões pesa mais. Você precisará de ainda mais influência, uma vez que títulos não poderão fazer muita coisa. É importante considerar esses fatos.

Consumidores gozam de grande liberdade e podem fazer quase tudo o que desejam. Eles não têm responsabilidade alguma perante a organização. Trabalhadores têm obrigações. Líderes as têm ainda mais. Por causa disso, eles se veem mais limitados em relação à liberdade de ação. Trata-se de uma limitação que escolhem de bom grado, mas isso não os torna menos limitados.

Se você quiser ampliar os limites de sua eficácia, existe uma solução mais apropriada: desenvolva sua influência e aprenda a liderar. Essas recomendações irão fazer explodir a tampa que representa o limite do seu potencial.

4. O mito potencial

"Não posso atingir meu potencial máximo até me tornar o chefe."

Quantas crianças dizem: "Quando eu crescer eu quero ser vice-presidente dos Estados Unidos"? Provavelmente nenhuma. Se uma criança tem aspirações políticas, ela quer ser presidente. Se ela tiver uma queda por negócios, quer ser dona da empresa ou chefe-executiva da corporação. Poucas pessoas aspiram chegar a uma posição intermediária.

A realidade, contudo, é que a maioria das pessoas passará sua carreira profissional em posições intermediárias de uma organização, devendo se reportar a chefes. Tudo certo? Ou será que todo mundo deve encarar a carreira como uma corrida para "rei da montanha" e tentar chegar ao topo?

Eu acredito que as pessoas deveriam lutar para chegar ao topo do ramo profissional delas, não ao topo da organização. Cada um deve trabalhar para alcançar o próprio potencial, que não é necessariamente o escritório principal. Você consegue provocar grande impacto sem precisar figurar no primeiro escalão, desde que tenha desenvolvido o poder de influência.

5. O mito do tudo ou nada

"Se eu não puder ser o chefe, não há nexo em tentar liderar."

Quando encontro pessoas em ambientes sociais e elas perguntam o que eu faço da vida, algumas ficam intrigadas quando digo que escrevo livros e dou palestras. E sempre me perguntam sobre qual assunto escrevo. Quando digo liderança, a resposta que me faz rir é mais ou menos assim: "Ah, tá bom, quando eu me tornar um líder vou ler um dos seus livros!" O que eu não digo (mas gostaria) é o seguinte: "Se lesse alguns dos meus livros, poderia se tornar um líder".

Não se pode permitir que frustrações sejam obstáculos no caminho do desenvolvimento da liderança e do aumento da influência. Não é preciso ser o chefe para ser bem-sucedido. Se você permitir que a frustração de não ser o chefe se arraste por muito tempo, pode ser que se torne desiludido, amargo e cínico. Que bem você poderia fazer sentado na beira do caminho? Encare a parada. Não é preciso ser o chefe para fazer a diferença. A liderança não foi pensada para ser uma proposição do tipo tudo ou nada. É possível causar impacto a partir de qualquer lugar dentro de uma organização. Mas ter influência é fundamental.

COMO O DESENVOLVIMENTO DA INFLUÊNCIA FAZ A DIFERENÇA

Não se pode subestimar o valor das pessoas com influência que exercem uma boa liderança em uma organização. Lembre-se: liderança é influência. À medida que você desenvolve sua liderança, se torna um líder melhor. Conforme constrói seus relacionamentos, as pessoas desejam trabalhar com você. Quando você as ajuda a se tornar mais produtivas, a equipe melhora. Ao investir e desenvolver as pessoas, elas trabalham para você com mais afinco, impulsionadas pela lealdade. O desenvolvimento da influência é o primeiro e mais importante passo para se tornar um líder melhor.

Em lugares nos quais líderes do topo hierárquico procuram oprimir os que estão abaixo deles, a liderança como um todo, em geral, é bem deficiente. O motivo? Quando o poder é concentrado nos chefes que estão no topo e não existem líderes intermediários para ajudá-los, a organização toda sofre. O chefe precisa fazer tudo por conta própria, porque não compartilhou o poder com ninguém para ajudá-lo.

Olhe para sua organização. Será que existem bons líderes que desenvolveram influência trabalhando para fazer as coisas acontecerem? Caso a resposta seja negativa, ainda assim você pode desenvolver sua capacidade de liderança e começar a fazer a diferença. Se a resposta for positiva, procure aprender com as boas referências. Isso ajudará não apenas aos líderes e a você, mas também à organização, no sentido de torná-la um lugar melhor para todos trabalharem. Veja a razão disso a seguir.

Toda vez que você adiciona um bom líder, você melhora a equipe

Bons líderes, que desenvolveram a própria influência, potencializam o desempenho daqueles que compõem suas equipes. Eles dão o rumo. Inspiram os que estão à volta e os ajudam a trabalhar em equipe. Eles alcançam resultados. É fácil notar isso em esportes nos quais a única coisa que muda em um time é o treinador. Quando um treinador melhor chega, o rendimento dos jogadores aumenta muito em relação ao que costumava ser.

O mesmo acontece em qualquer tipo de organização. Quando um líder forte assume uma equipe de vendas, o rendimento aumenta. Quando um bom gerente assume um restaurante, a operação ocorre de forma mais fluida. Quando um líder de mais qualidade está à frente de um grupo, todos produzem mais.

Se tivesse de olhar para sua organização como um todo (contanto que não se tratasse de um pequeno negócio familiar), você seria capaz de identificar os líderes de qualidade antes de conhecê-los. Tudo que você precisaria fazer é procurar pelas equipes que apresentam bons resultados de forma consistente. É nelas que os bons líderes estão.

Sempre que você adiciona um bom líder, todos os líderes da organização se tornam melhores

Quando um bom líder emerge ou se junta ao grupo, os outros percebem. Bons líderes suscitam o surgimento das melhores qualidades, não apenas nos integrantes da equipe, mas também nos seus superiores. Bons líderes elevam o padrão quando se trata de desempenho e trabalho em equipe, o que geralmente representa um estímulo para a melhoria dos outros líderes da organização, incluindo os chefes fracos.

Bons líderes acrescentam valor nos seus superiores

Líderes intermediários em uma grande organização estão mais próximos das pessoas nas trincheiras e, como resultado, estão mais inteirados do que está acontecendo. Entendem as pessoas que estão fazendo o trabalho, bem como os problemas que enfrentam. Eles também têm uma influência maior nos níveis mais baixos, em comparação aos líderes que estão em escalões mais elevados.

Quando não existem bons líderes em patamares inferiores de uma organização, tudo e todos dependem e esperam pelos líderes do topo. Por outro lado, quando bons líderes estão próximos de onde as coisas acontecem e usam da sua influência e do comprometimento para dar assistência aos seus superiores, ajudam a "estender" a influência dos líderes superiores para além de seu alcance individual. Como resultado, líderes do topo conseguem realizar muito mais do que poderiam agindo de forma mais isolada, o que beneficia a organização.

Bons líderes intermediários liberam líderes do topo para focar em suas prioridades

Se o seu objetivo é assumir mais responsabilidade e avançar na carreira, você precisa entender que, quanto mais alto subir em uma organização na condição de líder, mais você verá, mas menores serão as condições de fazer. Não é possível subir e continuar com as tarefas que você executa hoje. Ao subir de posto, será obrigado a repassar aos outros uma parte das suas velhas responsabilidades. Se as pessoas que cuidam dessas tarefas não fizerem um trabalho bem feito, você terá de retomar essas tarefas e cuidar pessoalmente delas. Se isso acontecer, você provavelmente não conseguirá realizar suas novas responsabilidades. Quanto melhor você se tornar na arte de liderar, melhor se tornará na função de delegar tarefas aos outros e maior será a sua condição de dar o seu melhor enquanto sobe na hierarquia da organização.

A boa liderança onde se está desafia líderes superiores a continuar crescendo

Quando você desenvolve sua influência e se qualifica como líder, a diferença aparece. Na maior parte das vezes, isso faz os líderes para os quais você trabalha quererem melhorar também, a fim de "acompanhar o ritmo". Parte disso pode ser atribuído à competitividade saudável. Se está em uma corrida e alguém está prestes a te ultrapassar, isso faz você querer embalar e correr mais rápido.

Existe ainda um fator de contribuição. Quando líderes de equipe veem outros líderes dando uma contribuição significativa, isso os inspira a "chegar junto". Existe uma satisfação natural em fazer parte de um grupo que opera em um nível excepcionalmente elevado.

Boa liderança disseminada na organização confere a ela um futuro

Nenhuma organização é capaz de continuar avançando e crescendo se estiver baseada em ideais e formas ultrapassadas. Sucesso no futuro exige inovação e crescimento, e requer o surgimento contínuo de novos líderes. Os trabalhadores operacionais de hoje serão os líderes intermediários de amanhã em uma organização. E os líderes intermediários de hoje serão os líderes do topo hierárquico amanhã.

Trabalhadores de hoje	vs.	Líderes de amanhã
Implementam ideias atuais		Geram novas ideias
Identificam e definem problemas		Resolvem problemas
Se dão bem com as pessoas à sua volta		Atraem pessoas construtivas
Trabalham estritamente nos limites estabelecidos		Correm riscos
Valorizam a consistência		Valorizam e percebem oportunidades

Se continuar desenvolvendo sua influência e capacidade de liderança, provavelmente terá oportunidade de liderar em um nível mais alto. Você migrará da posição operacional de hoje para o líder de amanhã. A fim de se tornar um líder ainda melhor, aprenda a olhar para as pessoas que trabalham com você e reflita sobre como você prepará-las para se associarem a você e um dia assumir o seu lugar.

O especialista em liderança Max DePree disse: "Sucessão é uma das responsabilidades primordiais da liderança". Verdade. Não existe sucesso sem sucessor. Ser um líder é muito mais que ampliar a própria influência, fazer um bom trabalho no momento presente e tornar as coisas mais fáceis para as pessoas ao redor. É assegurar que a organização tenha chances de estar em bom estado no futuro também.

QUEM AS PESSOAS QUEREM SEGUIR

Como você avaliaria seu nível atual de influência em relação às outras pessoas dentro da organização? Será que as pessoas seguem você neste instante? Será que elas dão ouvidos às suas ideias e respeitam suas opiniões? E o seu chefe? Se a resposta for negativa, você já se questionou por quê? Para aumentar a influência e se tornar um líder melhor, é preciso procurar ser o tipo de pessoa que os outros desejam seguir. Considere as seguintes qualidades, as quais qualquer um pode cultivar.

Pessoas seguem pessoas que conhecem: alguém que se importa

Muitas pessoas procuram influenciar outras por meio de críticas ou tentando "crescer" em cima delas. Geralmente, as pessoas reagem se tornando defensivas, se comportando de forma combativa ou procurando se isolar. O reformador protestante John Knox já disse que não é possível antagonizar e influenciar ao mesmo tempo.

Por outro lado, se as pessoas se importam com cada indivíduo, eles respondem de forma positiva. Quanto maior e mais profunda é a consideração, mais ampla e duradoura será a influência.

As pessoas percebem como as outras se sentem em relação a elas. Conseguem perceber a diferença entre aquelas que estão apenas usando e pensando nos seus próprios interesses e as que querem de fato ajudá-las a serem bem-sucedidas. As pessoas levam certo tempo para se afeiçoar, mas ao conhecer o coração de alguém que realmente se importa com elas, reagem bem. Se deixar de fazer as suas coisas para se importar e dar uma mão aos outros, eles deixarão de fazer as coisas deles para ajudá-lo quando você precisar.

Pessoas seguem pessoas nas quais confiam: alguém com um bom caráter

Nos Estados Unidos, as pessoas tendem a dar muita ênfase à inteligência e às habilidades profissionais. Embora esses atributos sejam importantes, não substituem jamais um bom caráter. Muitos reconhecem que a confiabilidade é importante em um líder. O que muitos ainda não perceberam é que ela também é importante para os aspirantes à líder.

Se você deseja desenvolver influência na relação com os outros, esforce-se para incorporar e exibir o tipo de caráter que acharia admirável em um líder bom e digno de confiança. Isso pavimentará o caminho rumo à liderança, por meio de bons relacionamentos.

Pessoas seguem pessoas que respeitam: alguém com alta competência

Respeito sempre floresce em terra árida. Um cargo de liderança servirá apenas até o momento em que as dificuldades aparecerem. A partir desse ponto, o líder precisa aflorar para lidar com as dificuldades. Pessoas incapazes de lidar com desafios podem até desejar respeito dos seus pares e membros de equipe, mas raramente conseguem obter. Eles podem até ser bem quistos, se possuírem bom caráter e tiverem consideração pelos outros, mas não serão altamente respeitados se não conseguirem "dar conta do recado". As pessoas podem até tratá-los de forma afável, mas não serão influenciadas por eles. Todos podem ter o direito de falar, mas nem todos conseguem conquistar o direito de serem ouvidos.

Enquanto líderes deficientes exigem respeito, pessoas competentes ganham respeito. Estar apto a fazer um trabalho bem feito é algo que gera credibilidade. Se você acredita que pode fazer algo, isso é confiança. Se você realmente for capaz de fazê-lo, isso é competência. E para a competência não há substituto.

Pessoas seguem pessoas que admiram: alguém com comprometimento

Pense em alguns dos grandes líderes que você admira. Quando penso em pessoas como Winston Churchill, Martin Luther King Jr. e John Wesley, uma das primeiras qualidades que vem à mente é comprometimento. Eles deram tudo o que tinham para liderar de acordo com os seus princípios.

Muitos anos atrás, eu fui coautor de um livro chamado *Como tornar-se uma pessoa de influência*, escrito com meu amigo Jim Dorman. No idioma original em que foi escrito (inglês), as letras iniciais de cada capítulo formam a palavra INFLUÊNCIA.

- **Íntegro:** constrói relacionamentos baseados na confiança.
- **Verdadeiro:** importa-se com as pessoas na condição de indivíduos.
- **Positivo:** acredita nas pessoas.
- **Receptivo:** valoriza o que os outros têm a dizer.
- **Motivador:** ajuda os outros a crescerem.
- **Facilitador:** ajuda os outros a atravessarem dificuldades.
- **Agregador:** inicia relacionamentos positivos.
- **Estimulador:** confere às pessoas poder para liderar.

Se você se esforça para agregar todas essas características dentro da organização, você terá influência. O segredo está em usar a sua influência para ajudar as pessoas. É isso que se entende por liderança.

O QUE ESPERAR NA SUA JORNADA EM BUSCA DA INFLUÊNCIA

Conforme você trabalha para desenvolver sua influência por meio da construção de relacionamentos e de ajudar as pessoas, sua liderança vai aparecer. Ao se esforçar para ser o melhor líder possível, tenha as seguintes considerações em mente.

1. Liderança é uma jornada que começa onde você está, não onde deseja ir

Para descobrir como chegar onde quer, você precisa primeiro saber onde está. Precisa se concentrar no que está fazendo agora. O premiado escritor da imprensa esportiva Ken Rosenthals disse: "Toda vez que você resolve crescer novamente, se dá conta de que está começando do ponto mais baixo de outra escada". É preciso que você tenha os olhos voltados para as suas responsabilidades do momento, não nas que deseja ter um dia. Para ser bem-sucedido onde está, faça seu trabalho de forma excelente e construa relacionamentos para desenvolver maior influência.

2. Habilidades de liderança são parecidas, mas a "liga do jogo" muda

Se acontecer de você ser promovido, como resultado da ampliação da sua influência e da melhoria da sua capacidade de liderança, não pense que a diferença entre o cargo anterior e o atual é pequena apenas porque seu novo escritório está a um lance de escadas de onde você costumava ficar. Quando você é "convocado" para um novo nível de liderança, o jogo é outro. Cada nível exige um patamar mais elevado de habilidades. O ambiente esportivo é onde isso é perceptível com mais facilidade. Alguns jogadores conseguem saltar da liga recreativa para a liga colegial. Poucos conseguem passar da liga colegial para a universitária. E, apenas um punhado consegue atingir o nível profissional a partir da liga universitária.

A melhor maneira de chegar ao próximo nível de "liga de jogo" é procurar crescer no nível em que você está, e aprender o máximo possível, de modo que possa ser melhor no próximo nível.

3. Grandes responsabilidades vêm apenas depois que se aprende a lidar bem com as menores

Quando autografo livros, às vezes, as pessoas me confidenciam que desejam escrever livros também. "Como é que eu começo?", perguntam.

"O que você está escrevendo no momento?", pergunto. Alguns me contam sobre artigos ou outros textos, e eu simplesmente as motivo; mas, na maior parte das vezes, elas respondem: "Bem, na verdade, ainda não escrevi nada até hoje".

"Então você precisa começar a escrever", explico. "Você precisa começar aos poucos e evoluir até escrever um livro". Com liderança é a mesma coisa. Você precisa começar devagar e se desenvolver até atingir objetivos maiores. Alguém que nunca teve a experiência de liderar precisa começar procurando influenciar ao menos uma pessoa. Alguém que já tem alguma influência deve tentar montar uma equipe. Comece onde você está e faça o que for necessário. Toda boa liderança começa de onde se está. As pequenas responsabilidades, que estão agora na sua frente, representam a primeira grande conquista de liderança que você deve perseguir. Não tente conquistar o mundo antes de ter cuidado adequadamente dos afazeres no seu próprio quintal.

4. Liderar no nível em que você se encontra cria o seu currículo para a incursão ao próximo nível

O registro do desempenho de onde trabalha agora é o que os líderes olharão no momento de decidir se você pode fazer um trabalho maior. Quando entrevisto alguém para um cargo, coloco 90% da ênfase no desempenho anterior. Se você deseja a oportunidade de liderar em um outro nível, sua melhor aposta é liderar bem onde se encontra agora. Desenvolva sua influência e a use de forma positiva para ajudar outras pessoas e beneficiar a organização. A cada dia que lidera e dá conta do seu trabalho, você está construindo seu currículo para seu próximo emprego.

5. Quando você consegue liderar bem voluntários, é capaz de liderar bem praticamente qualquer um

Se quiser testar sua habilidade de desenvolver influência positiva, tente liderar voluntários. Por que isso é tão difícil? Porque com voluntários, você não tem a alavanca da influência. É preciso usar bem cada gota de influência e capacidade de liderança para fazer com que pessoas que não são obrigadas a agir em conformidade façam o que você pede. Se você não for desafiador o suficiente, elas perdem o interesse. Se forçar demais a barra, elas saem. Se a qualificação delas for baixa, não perderão tempo com você. Se você não conseguir comunicar a visão, elas não saberão a direção a seguir nem o motivo. Se sua organização tiver algum foco em serviço comunitário, voluntarie-se. Teste você mesmo. Veja como as pessoas reagem quando você procura fazer as coisas aconteceram por meio de uma equipe. Se conseguir sobreviver nesse ambiente, poderá ter uma ideia de quão boa é sua habilidade de influência. Lidere voluntários bem e, provavelmente, possuirá muitas das qualificações para buscar outro nível na sua organização.

Sempre se lembre da verdade dita por Donald McGannon, ex-chefe-executivo da Westinghouse Broadcasting Corporation: "Liderança é ação, não cargo ou posição". Tomar iniciativa — e ajudar os outros a fazerem o mesmo por meio de um esforço coordenado — é a essência da liderança. Isso exige influência e te qualifica para alcançar metas maiores e melhores. Faça o que tiver de ser feito onde está com o mais alto nível de excelência possível, assim não permanecerá no mesmo lugar por muito tempo.

CAPÍTULO 5

EVITE ARMADILHAS QUE POSSAM PIORAR AINDA MAIS A SITUAÇÃO

Se você está enfrentando o desafio de trabalhar com um chefe que não pode ou não quer liderar, já está em uma situação difícil. É possível melhorar o relacionamento com seu chefe e aliviar sua situação ao seguir as minhas sugestões dos capítulos anteriores. Não existe garantia de que as coisas vão melhorar. Mas eu posso garantir que elas podem ficar ainda piores se você não tomar algumas atitudes para evitar armadilhas que ameaçam detonar o relacionamento com seu chefe. Não importa se o seu chefe é um bom líder ou não. Recomendo que você siga esses conselhos e proteja-se.

EVITE DAR LUGAR AO DESCONTENTAMENTO

Quando você trabalha para um mau chefe, é fácil se sentir frustrado ou insatisfeito. Entretanto, é essencial manter o senso de contentamento a despeito dos desafios, se quiser ser bem-sucedido. Lembre-se de que, em longo prazo, sucesso é mais uma questão de disposição do que posição ou cargo. Com uma mente bem focada e as habilidades certas, você pode influenciar pessoas onde quer que esteja em uma organização. E poderá se sentir realizado e recompensado, ao fazer um bom trabalho. Mas de que maneira desenvolver uma atitude de contentamento e satisfação enquanto trabalha para um chefe difícil?

1. Cultive um relacionamento forte com pessoas-chave

A chave para o contentamento não é fazer o relacionamento com outras pessoas ocorrer de forma amena, mas sim que seja sólido. É mais importante se dar bem com as pessoas do que se dar bem em cima delas. Se você transformar o estreitamento de bons relacionamentos em um objetivo, será capaz de extrair satisfação de qualquer tipo de ambiente. Independentemente do que estiver fazendo, não desista das pessoas com facilidade se não gostar delas à primeira vista ou se não se derem bem logo de cara. Você poderá se surpreender como, com o passar do tempo, um potencial adversário pode se tornar um aliado.

2. Comprometa-se com a comunicação permanente

Enquanto interage com seu chefe, informe-o de que você está disseminando a visão. Ouça os apontamentos e sugestões dele e procure saber se há outras informações que precisa dominar para transmitir a visão aos outros de forma mais eficaz. Quanto mais eficaz você for ao desempenhar sua função e ao informar seu chefe sobre como está contribuindo, mais satisfeito você tenderá a se sentir.

3. Ganhe experiência e maturidade

Maturidade não vem automaticamente, mas é possível desenvolvê-la com experiência e visão em longo prazo. Ao se concentrar nas tarefas que lhe foram confiadas e dar conta delas com excelência, independentemente de onde você se encontra, experimentará contentamento maior do que receber o reconhecimento do seu chefe. Se for capaz de manter a visão em longo prazo, você desenvolverá a paciência. Paciência tem grande valor, porque te dá tempo para aprender, estabelecer contatos profissionais e adquirir sabedoria. O humorista Arnold Glasow disse, "Paciência é a chave para tudo. É chocando o ovo que se obtém o pintinho, não esmagando".

4. Coloque a equipe acima do seu sucesso pessoal

John Wooden disse: "O principal ingrediente do estrelato é o restante da equipe." Em outras palavras, trabalho em equipe é o que gera sucesso, e não devemos perder isso de vista. Um jogador pode ser fundamental para um time, mas um jogador não faz um time. Em momentos decisivos, os bons jogadores colocam o sucesso do time na frente de seus interesses pessoais. Eles atuam em conjunto e usufruem juntos a satisfação pela vitória.

MANTENHA DISTÂNCIA DOS POLÍTICOS DE ESCRITÓRIO

Quando você trabalha para um mau chefe e todos da equipe sabem disso, sua situação é complicada. Por um lado, você deve se sentir decepcionado com seu chefe e constatar todas as suas deficiências. Quando pessoas da equipe falam mal do chefe, no seu íntimo você pode até concordar com elas. Entretanto, se quer contribuir para a organização e agir de uma maneira honrada, a melhor atitude a tomar é apoiá-lo publicamente e tentar ajudá-lo. Algumas pessoas reagem a uma situação como essa bancando políticos. Eu definiria "bancar o político" como mudar aquilo que parece ser ou a forma como você normalmente age para "fazer uma média" com alguém que esteja no poder ou pode te beneficiar naquele momento.

Entre os que se candidatam a cargos públicos, é comum a mudança de opinião sobre temas distintos, dependendo do grupo para o qual o discurso é direcionado. Em ambientes de trabalho, isso significa mudar constantemente de opinião ou posicionamento, dependendo de com quem está, ou agir com dissimulação ou falta de sinceridade para ficar do lado da maioria. Políticos são instáveis e oportunistas, sempre prontos a fazer o que for mais conveniente no momento apenas para se dar bem, sem se importar com o que seria melhor para seus pares, seus empregados e a organização. Parece que existem dois caminhos para se tentar avançar na carreira dentro das organizações. Um deles é trabalhar; o outro, tramar. Essa é a diferença entre produção e política.

Pessoas que se apoiam na produção

Dependem do próprio crescimento
Concentram-se no que fazem
Tornam-se melhores do que aparentam
Têm e fornecem conteúdo
Fazem o que é necessário
Trabalham para controlar o próprio destino
Desenvolvem-se até o próximo nível
Baseiam decisões em princípios

Pessoas que se apoiam na política
Dependem das pessoas que conhecem
Concentram-se no que dizem
Parecem melhores do que são
Tomam atalhos
Fazem o que é popular
Deixam os outros controlarem seu destino
Esperam ser presenteados com o próximo cargo
Baseiam suas decisões em opiniõess

Para resumir, as pessoas descritas como "políticos" são duas caras, porque são controladas pelo desejo de se dar bem em vez do desejo pela excelência, produtividade, trabalho em equipe ou consistência. Quaisquer valores ou habilidades que possam ter, estarão sempre subordinados à sua ambição. Embora, às vezes, pareça que eles se dão bem, seus ganhos são sempre temporários. No longo prazo, integridade, consistência e produtividade sempre compensam — na forma de um melhor trabalho em equipe e de uma consciência limpa. Se você já bancou o político no trabalho, talvez seja porque tenha visto outros fazerem isso e achou que precisava fazer o mesmo para avançar na carreira. Ou talvez lhe faltasse confiança por considerar que não estava progredindo. Pode ser que você não tenha agido assim por maldade, mas qualquer que seja a razão, se já bancou o político, pode estar certo de que traiu a confiança das pessoas. É possível que seu chefe e seus pares não saibam o que está por trás das suas ações. Pode ser que você tenha de ir ao encontro deles para se desculpar e tentar uma reconciliação. Pode ser difícil, mas se deseja construir relacionamentos positivos e desenvolver sua influência, será necessário fazer isso para que consiga recuperar sua credibilidade. Mesmo que você não seja uma pessoa de viés político por natureza, ainda assim recomendo cautela. Alguns ambientes de trabalho parecem arrastar as pessoas para o comportamento político. Para evitar essas dificuldades, faça o seguinte.

1. Evite fofocas

Dizem que grandes pessoas falam sobre ideias, pessoas medianas falam sobre si mesmas e pessoas pequenas falam sobre outras pessoas. Isso é o que a fofoca faz. Ela torna as pessoas pequenas. E não existe nenhum ponto positivo nisso. A fofoca diminui a pessoa sobre a qual se está falando. Diminui a pessoa que está dizendo coisas ruins sobre os outros, assim como diminui aqueles que estão dando ouvidos. Esse é o motivo pelo qual você deve evitar espalhar fofoca e não ser um receptáculo para ela. Se fizer as pessoas pararem de descarregar fofocas sobre você, irá se sinta melhor em relação à pessoa da qual se está falando, bem como em relação a si mesmo. Além disso, qualquer um que fofoca para você vai fofocar sobre você. Nunca desabafe sobre o seu chefe para outras pessoas. Se tiver um problema com qualquer pessoa, a atitude certa a tomar é sempre se aproximar do indivíduo em questão e tratar do assunto diretamente — nunca falar por meio de uma terceira pessoa. Elogie os outros publicamente e se tiver uma crítica, faça-a de forma privada. E nunca diga nada sobre seu chefe que não gostaria que ele ouvisse — porque ele provavelmente vai ficar sabendo.

2. Fique longe de discussões insignificantes

Na maioria dos locais onde as pessoas trabalham, existem rancores do passado, rupturas em andamento e discussões insignificantes que circulam como vento. Você precisa ser sábio para evitar ser tragado por essas questões, mesmo se achar que pode resolver alguma coisa. Como diz o ditado, um buldogue pode vencer um gambá em uma briga, mas ele sabe que não vale a pena. É um sinal de maturidade quando alguém consegue diferenciar o que é insignificante e o que não é — quando "cair para dentro" e quando não. Sempre busque a saída mais honrada e não fique do lado de ninguém em uma batalha que não é sua.

3. Defenda o que é certo, não apenas o que é popular

Ao mesmo tempo em que acredito que é sinal de sabedoria evitar conflitos insignificantes, também acredito que há momentos em que as pessoas precisam se posicionar sobre o que é certo, mesmo que esse posicionamento não seja popular. Como saber quando tomar posição para defender algo ou não, sobretudo na nossa cultura em que muitas pessoas pensam que a verdade é subjetiva? Minha resposta é que você deve usar a Regra de Ouro: em tudo, faça para os outros aquilo que gostaria que fizessem para você. Em *Segredos da liderança*, explico que uma forma da Regra de Ouro é aceita por praticamente todas as culturas do mundo. A maior parte das religiões tem alguma versão da Regra de Ouro, incluindo cristianismo, judaísmo, islamismo, budismo, hinduísmo, zoroastrismo, confucionismo, jainismo e baha'i. Quando alguém estiver sendo tratado de uma forma que você não gostaria de ser tratado, é hora de se posicionar.

4. Olhe todos os lados de uma questão

Eu gosto desse conselho bem-humorado sobre negócios: antes de discutir com seu chefe, olhe bem para os dois lados — o lado dele e o lado de fora (da empresa). Embora enxergar as coisas sobre múltiplos pontos de vista em relação a seus pares possa não ser tão danoso à sua carreira como ver as coisas sob o ponto de vista do seu chefe, é possível tirar grande proveito ao se analisar as coisas sob as mais diversas perspectivas. Sempre vale a pena evitar ser dogmático ou paralisado em um pensamento aprisionado.

5. Não proteja o seu quinhão

Política gira em torno de poder. Líderes políticos protegem o que quer que possuam porque não querem renunciar ao poder. Se eles perdem poder, não ganham, e ganhar é a sua motivação primordial. Pessoas que querem ganhar a qualquer custo brigam e se engalfinham para manter tudo o que pertence a elas. Brigam pelo seu orçamento. Brigam por espaço no escritório. Brigam por suas ideias. Acumulam provisões. Se algo pertence a elas, se apegam e seguram firme. Para ganhar influência e trabalhar bem com as outras pessoas, você precisa ter uma visão mais ampla. É preciso considerar o que é melhor para a equipe, não apenas o que é melhor para você. É necessário renunciar às próprias prioridades se for para o benefício da equipe.

Se fizer mais sentido que alguém faça um determinado trabalho em seu lugar, mesmo que queira fazê-lo, é preciso que você pare de tentar mantê-lo sob seu domínio. O que importa é a equipe, não seu quinhão.

6. Diga o que você pensa e pense o que diz

Se quiser cultivar confiança junto aos seus pares e ao seu chefe, precisa ser mais do que competente. Você precisa ser também confiável e consistente. Você conquista essa reputação ao assegurar que exista uma combinação perfeita entre o que diz, o que faz e o que diz que fará. Se fizer isso, as pessoas que trabalham com você saberão que podem depender de você. Não quero dizer que deve se tratar com desconfiança todos os que estão envolvidos com a política. Conheci muitos candidatos ao serviço público que demonstravam a mais alta integridade e verdadeiramente tinham o intento de servir às pessoas. Mas a palavra *político*, que já evocou imagens positivas, traz à mente imagens negativas para a maioria das pessoas. Em vez de tentar ser um político, esforce-se para se tornar um estadista. O *Novo Dicionário Integral* e *Universal Webster* explica que ambos os termos diferem particularmente em relação às conotações. *Político* sugere os esquemas e as artimanhas de uma pessoa que entra na (sobretudo pequena) política para finalidades partidárias ou olhos em vantagens próprias: um político desonesto. *Estadista* sugere habilidades nobres, capacidade de enxergar à frente e devoção patriótica abnegada, de uma pessoa que lida com (sobretudo grandes ou importantes) questões de Estado: um notável estadista.

Tornar-se um estadista para sua equipe ou organização é uma ideia excelente. Se você mantiver o contexto geral na cabeça, continuar altruísta em seus esforços e procurar ser diplomático, tanto com seu chefe como com seus pares, se destacará, ganhará credibilidade e melhorará a eficácia de suas ações e da equipe. E, de quebra, ainda aumentará sua influência.

NUNCA FAÇA SEU CHEFE SENTIR QUE VOCÊ ESTÁ DESPERDIÇANDO O TEMPO DELE

Para todos os líderes, o tempo é precioso. O tempo é a único bem universal que não pode ser ampliado, não importa o que se faça. Ele é o componente necessário para que o líder ou a líder possa fazer qualquer coisa. Por esse motivo, é preciso sempre tomar cuidado para não jogar fora o tempo do seu chefe.

1. Invista 10X

Você demonstra seu valor quando mostra que vale o tempo do seu chefe. A melhor forma de fazer isso é gastar dez minutos em preparação para cada minuto que espera encontrar. O autor sobre administração de negócios, Charles C. Gibbons, confirmou isso ao aconselhar: "Uma das melhores formas de economizar tempo é pensar e planejar com antecedência; cinco minutos de reflexão podem economizar uma hora de trabalho". Em *Today Matters*, escrevi sobre meu almoço com John Wooden. Antes de ir, passei cerca de 10 horas me preparando. Eu queria aproveitar da melhor maneira possível o tempo que teria com ele. Você precisa proceder de forma parecida antes de ter um encontro com seu chefe. Quanto mais novo for o relacionamento e quanto menos química tiver desenvolvido com seu chefe, mais tempo precisará empenhar na preparação. Quanto menos seu chefe souber sobre você, menor será a janela de tempo disponível para mostrar. Mas se você se preparar bem, é provável que tenha outras oportunidades. O primeiro-ministro britânico Benjamin Disraeli disse: "O segredo do sucesso na vida é o homem estar pronto para o seu momento quando ele aparece".

2. Não faça seu chefe pensar por você

Você já teve um empregado que fazia uma pergunta atrás da outra sem nunca procurar pensar por si mesmo? Esse comportamento pode ser muito frustrante, certo? Em uma sessão de perguntas e respostas, Jack Welch falou sobre quão importante é, para alguém que está começando, ser alguém que se dedica a refletir e sabe pensar. Ele disse que isso é uma característica capaz de distinguir alguém do restante das pessoas que se encontram no mesmo nível. Não peça a seu chefe para pensar por você.

3. Traga algo para a mesa

Há anos eu utilizo a expressão "trazer algo para a mesa" a fim de descrever a capacidade de uma pessoa para contribuir em uma conversa ou acrescentar valor aos outros durante um encontro. Nem todo mundo faz isso. Na vida, alguns querem ser sempre os "convidados". Por onde quer que andem, querem ser sempre servidos, ter suas necessidades atendidas, ser a parte beneficiada. Por adotar esse tipo de atitude, nunca trazem algo para a mesa de forma a compartilhar com os outros. Na condição de líder de uma organização, estou sempre em busca de pessoas capazes de trazer algo para a mesa na área das ideias. Se puderem ser criativos e gerar ideias, ótimo. Mas também valorizo sobremaneira pessoas construtivas, capazes de aperfeiçoar a ideia de alguém, colocando-a figurativamente sobre a mesa. Em geral, a diferença entre uma boa ideia e uma grande ideia é o valor adicionado a ela durante o processo colaborativo de pensamento. Sempre procure trazer algo de valor para a mesa quando encontrar com seu chefe.

4. Se tiver de falar, não fale de improviso e sem conhecimento de causa

Admiro pessoas capazes de pensar por si mesmas e lidar com situações difíceis, mas tenho pouco respeito por gente despreparada. Descobri que a primeira vez que alguém fala de improviso e sem conhecimento de causa, pode passar batido, mas lá pela terceira ou quarta reunião em que fala sem pensar, todo mundo repara. Por quê? Porque tudo começa a soar igual. Se alguém tem pouco conhecimento profissional, você sempre ouve as mesmas coisas dela. Depois de um tempo, ela perde toda a credibilidade.

O ex-campeão mundial de boxe Joe Frazier disse: "Você pode planejar como será uma luta ou a sua vida. Mas quando chega a hora definitiva, você se encontra à mercê dos seus reflexos. É aí que todo o seu treinamento e preparação vem à tona. Se fez corpo mole na escuridão da madrugada, tudo ficará às claras agora debaixo dos holofotes". Se não trabalhar duro, fatalmente se dará mal no final.

5. Vá direto ao ponto

Quando você começou a trabalhar com seu chefe, pode ser que tenha tido que passar algum tempo dando explicações sobre o processo pelo qual chegou a uma determinada decisão. No início do relacionamento, é preciso conquistar credibilidade. Mas com o passar do tempo e com o amadurecimento do relacionamento, vá direto ao ponto. O fato de possuir todos os dados necessários para explicar o que está fazendo não significa que deva compartilhá-los. Se seu chefe quiser pormenores ou quiser saber sobre o processo que você utilizou, ele pode muito bem te perguntar.

SAIBA QUANDO DAR AQUELE EMPURRÃOZINHO...

Em relação ao seu chefe, tempo é sempre importante. E assume ainda mais significado quando você trabalha com alguém que tem dificuldade de liderar. Se der aquele empurrãozinho quando não deveria, isso não apenas comprometerá o que você tem a dizer, mas seu chefe pode se sentir ameaçado e reagir mal. Para ser bem-sucedido, você precisa saber quando avançar e quando recuar. É claro que há vezes em que é preciso ser um pouco mais assertivo, mesmo se o momento não parecer oportuno. O segredo é saber como agir de acordo com cada situação. Aqui vão quatro perguntas que você pode fazer a si mesmo a fim de saber quando avançar.

1. Sei de alguma coisa que meu chefe não sabe, mas precisa saber?

Toda pessoa que trabalha em uma organização sabe de coisas que o chefe desconhece. Isso não é apenas normal, mas é bom. Meu irmão Larry, líder excelente e homem de negócios muito bem-sucedido, adverte sua equipe que precisa ser informado em dois tipos de situações: quando há um grande problema ou quando há uma grande oportunidade. Em ambos os casos, ele quer ser envolvido na forma como a organização e seus líderes tratarão tais questões. Mas como saber se é apropriado levar determinada informação ao seu chefe? Você pode fazer perguntas específicas, pedindo que seu líder verbalize os casos em que você deve envolvê-lo, a exemplo do que Larry fez. Ou pode agir espontaneamente e descobrir por tentativa e erro, usando sua capacidade de avaliação e comunicação até identificar os parâmetros. Em geral, se você sabe algo que seu chefe desconhece, e isso pode prejudicar a organização ou o próprio superior, é preciso dar conhecimento da questão. Se proceder assim, terá feito sua parte. Você não tem controle sobre o que o seu chefe fará com aquela informação. Lembre-se disso.

2. Será que o tempo está se esgotando?

Como diz o velho ditado, "melhor uma palavra na hora certa do que duas com atraso". Se isso era verdade no passado, é ainda mais aplicável hoje em dia nessa sociedade acelerada em que informações e mercados se movem tão rapidamente. Se esperar pode representar a perda de uma oportunidade para sua organização, aventure-se e mande o recado. Seu chefe poderá sempre escolher não considerar seu conselho, mas nenhum líder quer ouvir "Eu achava que isso ia mesmo acontecer" depois do ocorrido. Dê a ele a chance de decidir.

3. Será que minhas responsabilidades estão em risco?

Quando seu chefe confia tarefas a você, é sua responsabilidade dar conta do recado. Se estiver tendo dificuldade, a maioria dos líderes que conheço prefere ser informado e ter oportunidade de ajudá-lo do que ver você falhar sozinho. Se seu chefe te passou, é porque ele ou ela quer que você dê conta. Seu superior certamente tem sabedoria suficiente para ajudá-lo ou aconselhá-lo. E não quer ser pego de surpresa ao descobrir tarde demais que você não conseguiu fazer o trabalho.

4. É possível ajudar meu chefe a vencer?

Líderes de sucesso dão o passo certo no momento oportuno e pelo motivo certo. Mas a verdade é que líderes geralmente hesitam e enfrentam dificuldades para tomar decisões. Haverá momentos em que você reconhecerá oportunidades de vitória para seu chefe que ele não terá percebido. Quando for o caso, é hora de dar um empurrãozinho. Como saber o que o seu chefe considera uma vitória? Familiarize-se com as prioridades dele, seja fazendo perguntas diretas, ouvindo atentamente o que ele diz, ou observando aquilo no que ele se concentra. Se você enxergar uma forma de seu chefe conquistar algo relacionado a uma de suas prioridades, pode estar certo de que ele considerará isso uma vitória. Mesmo que não reconheça sua ajuda. Se você for proativo de forma consistente no sentido de ajudá-lo e, consequentemente, a empresa, busque alcançar metas-chave e seus esforços serão notados por todos.

...E QUANDO DAR UM PASSO ATRÁS

Saber quando dar um empurrãozinho ou avançar é importante, uma vez que você quer conquistar vitórias e evitar derrotas. Mais importante, porém, é saber quando recuar ou dar um passo atrás. É aí que se encontra a armadilha, a "mina terrestre" capaz de causar o maior estrago. Líderes nem sempre ficam sabendo quando uma oportunidade é perdida porque você deixou de avançar, mas é patente para eles quando algo de errado acontece porque você deveria ter recuado em vez de ir em frente. Se ficar pressionando seu chefe de forma inadequada, é provável que ele queira te pressionar para fora da porta, rumo ao olho da rua. Se estiver em dúvida em relação ao momento de recuar, faça as seis perguntas a seguir.

1. Será que estou promovendo minha própria agenda de prioridades?

Sob a perspectiva da maioria dos chefes, existem dois tipos de pessoas trabalhando para eles: as que perguntam "O que você pode fazer por mim?" e as que perguntam "O que posso fazer por você?". As primeiras tentam fazer os outros as ajudarem a chegar ao topo. As segundas procuram levar a organização — juntamente com o líder e outros que elas possam ajudar — ao topo. Empregados inteligentes recuam se percebem que estão começando a promover suas próprias prioridades em vez daquilo que é bom para a organização. Não apenas isso, estão dispostos a sacrificar os próprios recursos para o bem maior da organização quando necessário. Se você tentar empurrar seu chefe para suas próprias prioridades, será empurrado na direção de um campo minado.

2. Será que eu já expressei meu ponto de vista?

É sua responsabilidade comunicar o que sabe e dar seu ponto de vista sobre uma questão a ser resolvida. Mas uma coisa é comunicar e outra, bem diferente, é tentar coagir seu chefe. A escolha do seu chefe não é da sua conta. Se você colocou seu ponto de vista com clareza, é improvável que consiga somar pontos para a sua causa ao continuar insistindo no mesmo assunto. O presidente Dwight D. Eisenhower disse: "Não se lidera batendo na cabeça das pessoas — isso é agressão, não liderança. Se continuar se repetindo depois de ter dado sua opinião, você estará apenas forçando a barra para fazer as coisas do seu jeito. A próxima vez que estiver em uma reunião com seu chefe, preste atenção na maneira como apresenta seu ponto de vista. Você coloca sua opinião de forma clara de modo a contribuir com a discussão? Ou fica martelando suas ideias para sair como vencedor?". Tentar ganhar uma discussão com seu chefe a qualquer custo pode ser como fazer o mesmo com seu cônjuge. Mesmo se ganhar a discussão, você perde.

3. Será que todos devem correr riscos, menos você?

É mais fácil arriscar os recursos, o tempo e a reputação de terceiros, do que os seus. Se continuar pressionando para que se siga nessa ou naquela direção, sem que esteja disposto a compartilhar os riscos, você fatalmente se afastará das pessoas que efetivamente têm algo a perder. Ninguém quer estabelecer uma parceria na qual um lado assume todos os riscos e o outro não corre risco algum. Seu chefe estará muito mais disposto a ouvir sua sugestão se você estiver "no mesmo barco". Se tiver disposto a se colocar na linha de frente, seu chefe terá muito mais respeito pela sua opinião.

4. Será que o clima está dizendo "não"?

Kathie Wheat, ex-empregada da Walt Disney World, assim que ingressou na companhia, depois de ter concluído a faculdade, disse que os empregados da Disney são treinados para serem sensíveis ao clima emocional, bem como a dinâmica dos visitantes nos seus parques. Uma das coisas que a companhia ensina aos seus empregados é nunca abordar uma família que esteja discutindo. Faz sentido. É preciso aprender a ser um bom meteorologista, nesse sentido, antes de tentar convencer ou reivindicar alguma coisa do seu chefe. É preciso medir a temperatura do ambiente — e prever se há alguma ameaça de tempestade se avizinhando ao seu superior. Não deixe uma boa ideia ir por água abaixo apenas porque escolheu um dia ruim para apresentá-la.

5. Será que meu pedido extrapola o relacionamento com o chefe?

Quando trabalha para alguém que não pode liderar, você geralmente fica em uma sinuca de bico. Não tem muitas cartas na manga. Em geral, seu único "Ás" é o relacionamento que você tem com seu chefe — considerando que você foi bem-sucedido no trabalho de desenvolver uma boa química pessoal. É preciso que você use essa carta com cautela. Se a sugestão que está querendo propor excede os limites do relacionamento, você está pedindo para que seu trunfo seja desperdiçado. É possível entender muito do caráter e das motivações das pessoas em uma organização apenas observando quando avançam ou recuam.

Minha esposa, Margaret, e eu gostamos muito de visitar bibliotecas presidenciais. Ao visitar o museu de George H.W. Bush, tivemos a oportunidade de ler sobre as ações do então vice-presidente no dia em que o presidente Ronald Reagan foi baleado, em 1981. Bush disse que a gravidade do incidente se abateu sobre ele assim que recebeu a notícia e, imediatamente, fez uma oração pelo presidente. Enquanto Reagan estava em cirurgia, Bush era o presidente de fato do país, mas recuou de forma proposital, para ter a certeza de que não transmitiria a impressão de que estava desafiando ou tomando o lugar do presidente.

Por exemplo, quando Bush foi para a Casa Branca, ele se negou a aterrissar na área do Gramado Sul, porque de acordo com a tradição, somente presidentes descem ali. E às sete horas da noite naquele mesmo dia, quando Bush presidia uma reunião de gabinete emergencial, sentou-se em uma cadeira comum, não na cadeira presidencial. Reagan, naturalmente, se recuperou e reassumiu suas funções e ainda foi além, ao ser reeleito presidente em 1984. Bush ficou satisfeito ao permanecer nos bastidores, servindo seu líder e seu país — até chegar o tempo em que ele concorreu ao cargo máximo. E o povo americano o elegeu como seu líder.

Uma pessoa sábia avança de forma cautelosa quando sabe que deve adentrar um campo minado. Se você trabalha para um mau líder, está entrando em um campo minado diariamente, independentemente de estar ciente disso ou não. Mesmo que seu chefe seja um mau líder com um bom coração, você ainda está em um campo minado. Se tiver um mau líder cujas motivações são igualmente más, terá o dobro de minas terrestres para evitar. Ainda assim, procure continuar avançando. Apenas use o bom senso, continue construindo um bom relacionamento com seu chefe e tente se manter em um bom estado de ânimo.

CAPÍTULO 6

PROVE SEU VALOR DIARIAMENTE E NUNCA PARE DE CRESCER

Poucas coisas falam mais alto do que a excelência com que alguém lida com seu ofício. Acredita-se que Ralph Waldo Emerson tenha dito que se um homem puder escrever um livro melhor, pregar um sermão melhor ou bolar uma armadilha para ratos melhor do que seus vizinhos, mesmo que construa sua casa na floresta, o mundo construirá uma trilha até sua porta. Se você se tornar excelente no que faz, os outros notarão e irão atrás de você. Conhecimento sempre tem valor. A habilidade que as pessoas buscam em mim é a capacidade de comunicação. Passei os primeiros dez anos de minha carreira trabalhando diligentemente para me tornar um orador melhor. Estudei comunicadores, trabalhei duro para melhorar minhas mensagens e apresentações. Pratiquei meu ofício semanalmente e várias vezes na semana. Passei quase uma década testando métodos diferentes a fim de descobrir meu estilo "natural". Com o tempo, tornei-me verdadeiramente um bom orador e palestrante e ganhei credibilidade. Minha habilidade se tornou valiosa e funcionou como uma plataforma a partir da qual passei a fazer outras coisas, tais como escrever livros e dar aulas sobre liderança.

TORNE-SE UM ESPECIALISTA NO SEU OFÍCIO

A primeira área na qual você deve se dedicar para mostrar seu valor é o seu ofício. A maioria das pessoas não se torna líder logo de cara. Demonstram habilidade ou capacidade em uma área específica e são reconhecidos por isso. O domínio de um ofício ou profissão não torna ninguém um líder, mas faz a pessoa ser promovida para uma posição de liderança. Dá a elas uma chance. O que você pode fazer diariamente a fim de se tornar cada vez melhor no seu foco de competência?

1. Aprenda seu ofício hoje

Na parede do escritório de uma grande empresa de reflorestamento há uma placa pendurada. Nela se lê: "O melhor momento para se plantar uma árvore é 25 anos atrás. O segundo melhor é hoje". Não existe momento como o presente para se tornar um especialista no seu ofício. Talvez você desejasse ter começado antes ou ter encontrado um professor ou mentor melhor anos atrás. Nada disso importa. Olhar para trás e se lamentar não te ajudará a avançar. Pode ser que você não esteja onde acha que deveria estar. Que não seja o que gostaria de ser e que nunca chegue ao nível máximo. Mas não precisa ser como era no passado. Precisa apenas aprender a ser o melhor que pode no momento presente. Como disse Napoleon Hill, "não é possível mudar o começo, mas é possível mudar a direção de onde se está indo". O que conta é o que você está fazendo agora, não o que fará.

2. Fale sobre seu ofício hoje

Uma vez que atinge um grau de proficiência no seu ofício, uma das melhores coisas que pode fazer por você mesmo é falar sobre ele com as outras pessoas que estão no mesmo nível ou níveis mais altos que o seu. Muitos fazem isso sem se dar conta. Guitarristas falam com outros músicos sobre guitarras e equipamentos. Pais trocam figurinhas sobre a criação dos filhos. Golfistas trocam ideias sobre tacos, campos e técnicas. Todos falam sobre o que fazem porque é prazeroso, estimulante, além de proveitoso para assimilar novas habilidades e ter novas "sacadas". Além disso, serve de preparação para níveis de conhecimento mais altos dentro de cada especialidade.

Falar com seus pares é maravilhoso, mas se você não fizer um esforço estratégico para falar sobre seu ofício com aqueles que estão à sua frente em termos de experiência e habilidade, perderá grandes oportunidades de aprendizado. Eu gosto muito de conversar sobre liderança com grandes expoentes da área o tempo todo. Na realidade, faço questão de agendar um almoço voltado ao aprendizado, com alguém que eu admire, pelo menos seis vezes por ano. Antes do encontro, estudo sobre os meus convidados lendo seus livros, avaliando suas lições, ouvindo seus discursos ou o que mais eu precise fazer. Meu objetivo é apreender o máximo sobre eles e os seus "pulos do gato", a fim de fazer as perguntas certas. Se fizer isso, estarei apto a aprender o que eles têm de melhor. Mas esta não é minha meta principal. Minha meta é conseguir transferir os pontos fortes deles para mim. É daí que virá meu crescimento. Eu preciso aplicar o que aprendi na minha situação. Tente isso. O segredo para uma grande entrevista é saber ouvir. Eis a ponte entre aprender o que as pessoas têm a ensinar e aprender sobre si mesmo. Este é o seu objetivo.

3. Pratique seu ofício hoje

A única forma de se aperfeiçoar no seu ofício é praticá-lo até que o conheça de olhos fechados. No início, você faz o que sabe fazer. Quanto mais pratica, mais conhece. Ao praticar ainda mais, passa a reconhecer o que não sabe. Felizmente, essa sensação te faz mergulhar mais fundo e você aprende mais. Mas ao mergulhar mais e aprender mais, também descobrirá sobre o que deveria fazer de forma diferente. Nesse ponto é preciso tomar uma decisão: continuar fazendo o que sempre fez ou tentar novos caminhos, correr riscos e buscar novos patamares de habilidade? A única forma de se aperfeiçoar é sair da sua zona de conforto para tentar coisas novas. Sempre me perguntam "Como é possível ampliar os meus negócios?" ou "Como posso melhorar o meu departamento?". A resposta para ambas as perguntas é que é preciso crescer pessoalmente primeiro. Ao se tornar melhor, você melhora os outros. E o momento para começar é agora.

FAÇA OS TRABALHOS QUE OS OUTROS NÃO FAZEM

Ser excelente no que faz tornará você valioso e te garantirá um lugar na equipe. Mas se tornar um especialista em um ofício é algo que leva tempo. O que é possível fazer para provar o seu valor agora mesmo? Assuma tarefas que os outros não assumem — mesmo que estejam fora do seu ofício ou zona de conforto. Conta-se que um grupo humanitário na África do Sul escreveu certa vez para o missionário David Livingstone perguntando: "Você encontrou uma boa estrada até o seu destino? Em caso positivo, queremos saber como enviar outros homens para te ajudar". Livingstone respondeu: "Se você tem homens que virão apenas se souberem que existe uma boa estrada para conduzi-los até aqui, eu não preciso deles. Quero homens que venham mesmo que não exista estrada nenhuma".

Esse é o tipo de atitude esperado de quem trabalha para um chefe que não pode ou não quer liderar. É preciso estar disposto a fazer o que os outros não fazem. Poucas coisas conquistam mais o respeito de um chefe, de uma equipe ou dos líderes do topo de uma organização do que alguém que não mede esforços e está disposto a fazer tudo o que for necessário. Pessoas assim estão prontas para pensar muito além da descrição dos seus cargos e lidam com trabalhos que outros são orgulhosos ou medrosos demais para assumir. Esse tipo de comportamento é o que normalmente garante estabilidade no emprego, eleva um profissional acima de seus pares e o leva a ser promovido para funções nas quais pode realizar impactos positivos ainda maiores. Talvez você já possua esse modelo mental de não medir esforços e fazer tudo o que for necessário o, se uma tarefa é correta, ética e benéfica, está disposto a assumi-la. Se for o caso, ótimo! Tudo o que você precisa agora é saber como colocar sua intenção em marcha, de modo que possa realizar as coisas que gerarão o maior impacto e a maior influência nos outros. Aqui vai uma lista de recomendações essenciais para que você possa se tornar o tipo de pessoa que todos procuram.

1. Encare os trabalhos árduos

A capacidade de realizar tarefas difíceis atrai o respeito dos outros muito rapidamente. Também te ajuda a se tornar um líder melhor. Você ganha resiliência e tenacidade durante as missões complexas, não as mais simples. Quando decisões duras precisam ser tomadas, e é difícil alcançar resultados, líderes são forjados. Não tenha medo de se lançar em tarefas árduas.

2. Pague o preço

Se você quiser assumir papéis cada vez mais importantes na escala da liderança, terá de renunciar a muita coisa. Terá de sacrificar objetivos pessoais em nome de outras metas. Terá de sair da sua zona de conforto e fazer coisas que nunca fez. Terá de continuar aprendendo e crescendo mesmo quando se sentir desanimado. Terá de dar preferência aos outros. E se desejar realmente se tornar um bom líder, terá de fazer todas essas coisas sem exaltar ou reclamar. Mas lembre-se: como disse a lenda da liga do futebol americano, NFL, George Halas, "ninguém que tenha dado o seu melhor jamais se arrependeu."

3. Esteja disposto a trabalhar no anonimato

Que tipo de vacina mantém um líder imunizado contra um ego inflado? Creio que a resposta varia de acordo com a trajetória de cada líder. Se nessa trajetória o líder pagou o preço, na forma de dedicação total e deu o seu melhor atuando no anonimato, o ego normalmente não é um problema. A romancista e poetiza inglesa Emily Brontë disse: "Se pudesse trabalharia sempre em silêncio e de forma anônima, deixando que meus esforços se tornassem conhecidos por meio dos resultados". Nem todos preferem ficar fora dos holofotes como ela fez. Mas é importante que você aprenda a trabalhar no anonimato porque isso serve como teste para a integridade pessoal. A chave é estar disposto a fazer algo porque é importante, não porque fará com que você seja notado.

4. Busque se aperfeiçoar na arte de lidar com pessoas difíceis

Os que estão no patamar mais baixo da hierarquia organizacional normalmente não têm muita escolha em relação aos colegas de trabalho. Quer queiram ou não, terão de trabalhar com pessoas difíceis. Por outro lado, os que estão no topo raramente precisam trabalhar com pessoas difíceis porque sempre têm a oportunidade de escolher seus pares. Se alguém com quem trabalham começa a "embolar o meio de campo", eles abrem mão ou se livram do profissional em questão. Para a maior parte das pessoas que trabalham em uma organização, a conversa é outra. Eles têm alguma margem de manobra, mas não controle absoluto. Podem não conseguir se livrar de pessoas difíceis, mas em geral podem evitar trabalhar com elas. Entretanto, encontrar um jeito de trabalhar de forma produtiva com pessoas complicadas é um sinal de sabedoria. Por quê?

Porque beneficia a organização. Em vez de colocar as pessoas difíceis no lugar delas, tente se colocar no lugar delas. Procure interagir buscando áreas de concordância e interesses comuns.

5. Coloque-se na linha de frente

Não é possível mostrar o seu valor sendo acomodado e fazendo apenas o mínimo necessário. Mas há uma pegadinha em relação a correr riscos em uma organização: você jamais pode agir de forma irresponsável ao arriscar o que não é seu. Chamo isso de "apostar com o dinheiro dos outros". Você não tem o direito de colocar a organização em uma posição de vulnerabilidade. Nem seria certo colocar outras pessoas em situação de risco elevado. Se estiver disposto a correr risco, coloque-se a si mesmo na linha de combate. Seja esperto, mas não seja acomodado.

6. Admita falhas, mas nunca dê desculpas

É mais fácil ir do fracasso ao sucesso do que das desculpas ao sucesso. E você terá mais credibilidade com seu chefe se admitir suas falhas e evitar dar desculpas. Claro que isso não significa que você não tenha que entregar resultados. O treinador de beisebol e tutor McDonald Valentine disse: "Quanto mais elevado o nível de atuação, menos se aceita desculpas". É recomendável que você procure conhecer a si mesmo, identificar seus pontos fortes e fracos, antes de se tornar um chefe. É possível descobrir suas capacidades de liderança bem aí onde se encontra. Se for insuficiente em uma determinada área, pode se dedicar a superar as suas falhas. Se, mesmo assim, continuar deixando a desejar, precisará aprender como superar um obstáculo ou se dar conta de que terá de trabalhar com a colaboração de outras pessoas a fim de superar uma deficiência. Mas o que quer que aconteça, não dê desculpas.

7. Seja o primeiro a ajudar

Não importa quem você esteja ajudando, se seu chefe, um colega ou alguém que está trabalhando para você. Quando ajuda alguém da equipe, você ajuda a equipe toda. E quando ajuda a equipe, está ajudando seu chefe. Isso dá a todos os envolvidos razões para te notar e considerar.

8. Assuma suas responsabilidades

Falta de responsabilidade é algo que pode pôr tudo a perder em relação às pessoas que trabalham para mim. Quando um empregado não faz seu trabalho, é claro que fico contrariado. Mas estou disposto a ajudá-lo a melhorar — quando ele assume responsabilidade pelo que faz. Sei que vai se esforçar para melhorar desde que se sinta responsável e demonstre humildade para evoluir. Entretanto, não há muito que se possa fazer se um empregado, além de não dar conta do trabalho, se recusa a assumir reponsabilidade pelos seus erros. Em casos assim, é recomendável seguir em frente e arranjar alguém para ocupar seu lugar.

9. Execute tarefas que não são "o seu trabalho"

Poucas coisas são mais frustrantes para um líder do que alguém que se recusa a executar uma tarefa porque "não é o seu trabalho". (Quando isso ocorre, a maioria dos líderes do topo que conheço é tentada a convidar essas pessoas a ficarem sem trabalho algum!) Bons empregados não raciocinam dessa maneira. A meta deles é dar conta do recado e atender à visão da organização. Isso significa fazer o que for preciso — e ainda mais. Se fizer mais do que é esperado, você se destaca. Pessoas que têm a eficácia como meta precisam estar dispostas a fazer o que as outras não fazem. E, por isso, seus líderes estão sempre dispostos a apoiá-las, promovê-las e ser influenciados por elas.

TORNE-SE UM PROFISSIONAL DE RESULTADOS PARA SEU CHEFE

Todos os líderes estão em busca de pessoas que possam fazer a diferença na hora certa. Quando encontram essas pessoas, eles se apoiam nelas e são inevitavelmente influenciados por elas. Membros de uma equipe que conseguem fazer as coisas acontecer são como aqueles jogadores decisivos, que marcam o ponto ou o gol no finalzinho da partida, quando mais se precisa deles. Demonstram competência, responsabilidade e confiabilidade de uma forma consistente. Enquanto se tornar um especialista no seu ofício é algo motivado pela busca da excelência e assumir tarefas que outros não assumem diz respeito à aptidão para encarar o que for necessário, ser um profissional decisivo ou de resultados está relacionado ao desejo de vencer. Poucas coisas elevam alguém acima de seus pares como se tornar um sólido profissional de resultados. Todos admiram jogadores decisivos e contam com eles quando a "temperatura do jogo" sobe — não apenas seus superiores, mas também seus pares e demais integrantes do time. Quando penso nos meus jogadores decisivos, penso nas pessoas que sempre produzem. Aqui vão algumas maneiras para provar seu valor como um profissional decisivo ou de resultados.

1. Produza quando estiver sob pressão

Existem vários tipos de pessoas no ambiente de trabalho, e você pode avaliá-las de acordo com o que elas dão de retorno para a organização. Profissionais de resultados são aqueles que encontram uma forma de fazer as coisas acontecerem, custe o que custar. Eles não precisam estar aclimatados ao lugar. Não ficam presos à zona de conforto. As circunstâncias não precisam ser boas ou favoráveis. E pressão tampouco os assusta. Na realidade, quanto mais pressão existir, mais eles gostam. Eles sempre mostram do que são capazes quando a temperatura está elevada. O lema deles é: "Me passe a bola que eu resolvo".

2. Produza quando os recursos forem escassos

Em 2004, quando meu livro *Today Matters* foi publicado, eu tinha uma série de palestras agendadas em Little Rock, Arkansas. Ao terminar a primeira palestra, o estoque de livros já tinha se esgotado. O líder da organização por meio da qual eu me apresentava queria que as pessoas presentes se beneficiassem do livro, ele sabia que se os livros não estivessem disponíveis no local, elas provavelmente não teriam acesso a uma cópia. O que ele fez? Enviou membros da sua equipe para todas as livrarias da cidade a fim de arranjar cópias adicionais. Acho que ele acabou comprando todos os exemplares disponíveis na redondeza para colocá-los à disposição do público tão logo eu terminei a segunda palestra. Que líder! Se conseguir ser inovador e produtivo quando não tiver nada ou tiver pouco com que trabalhar, você será cogitado para a liderança. Seu chefe não apenas valorizará sua contribuição, como começará, inclusive, a pedir e a aceitar mais os seus conselhos. E você começará a dar uma contribuição maior na organização.

3. Produza quando houver poucas oportunidades

Existem apenas três tipos de pessoas nas organizações em relação ao tópico oportunidade.

- **Destruidores de oportunidades:** pessoas que sabotam os líderes e a organização e que, subsequentemente, minam as oportunidades. Pessoas assim têm atitudes terríveis e representam 10% da organização.
- **Assimiladores de oportunidades:** pessoas assim dançam conforme a música. Elas nem criam nem minam oportunidades; simplesmente navegam conforme a maré. Essas pessoas representam 80% da organização.
- **Criadores de oportunidade:** pessoas que marcham para frente e criam oportunidades. São os líderes de uma organização, independentemente de ostentar um cargo formal, e ocupam os 10% do topo. Esses criadores

de oportunidades promovem o progresso. Superam obstáculos. Ajudam os outros a avançar. Geram energia na organização quando o resto da equipe se sente cansada e desmotivada. Eles são os fazedores de diferença nos quais os líderes se apoiam.

4. Produza quando a carga for pesada

Bons empregados sempre têm o desejo de serem úteis aos seus superiores. Trabalhei com muitos deles ao longo dos anos. Sempre admirei quando alguém que trabalha para mim diz: "Terminei meu trabalho. Posso fazer algo para te ajudar?". Mas existem aqueles profissionais decisivos que carregam um fardo pesado sempre que a necessidade aparece, não apenas quando a carga deles está mais leve. As chaves para se tornar esse tipo de profissional são disponibilidade e responsabilidade. Ser um "carregador de piano" é uma questão de atitude, não de cargo. Se você tem vontade e capacidade para levantar a carga do seu chefe quando ele precisar ou pedir, terá influência no relacionamento com ele.

5. Produza quando o líder estiver ausente

A maior oportunidade para se destacar em uma organização ocorre quando o líder está ausente. É nesse momento de vácuo de liderança que líderes potenciais podem emergir de modo a preenchê-lo. É verdade que, quando líderes sabem que estarão ausentes, designam alguém para substituí-los temporariamente. Mas, ainda assim, existem oportunidades para assumir responsabilidades e brilhar.

Se você der um passo à frente para liderar quando existir um vácuo de liderança, terá grande probabilidade de se diferenciar. Você precisa estar ciente, entretanto, de que quando alguém se dispõe a preencher um vazio, acaba se expondo de forma nítida, mostrando sem retoques quem realmente é. Se suas motivações forem boas, se deseja liderar para o bem da organização, isso ficará claro. Se, por outro lado, alguém quiser apenas tomar poder com vista em ganhos pessoais e nos próprios interesses, isso também ficará patente a todos.

6. Produza quando o tempo for limitado

Adorei uma placa que vi em uma pequena empresa com os dizeres "As 57 Regras para Entregar os Produtos". Abaixo do título lia-se:

Regra número 1: entregue os produtos. Regra número 2: as outras 56 regras não tem a menor importância.

Essa é a filosofia dos profissionais de resultado. Eles entregam o serviço independentemente de quão dura é a situação. Rod Loy me contou uma história de quando ele era líder em uma organização. Durante uma grande reunião, o líder dele descrevia um novo programa que estava sendo implantado. Rod ouvia com muito interesse, uma vez que não tinha sido avisado sobre a novidade. Tudo corria bem, até que o líder de Rod anunciou que ele, Rod, seria o líder do programa, e que qualquer um que estivesse interessado no assunto poderia procurá-lo após a reunião. Rod não tinha sido informado de antemão sobre seu papel em relação ao programa. Mas isso já não importava. Durante o restante da reunião, enquanto seu superior falava, Rod fazia um rápido esboço do desenho e do plano de ação do programa. Quando as pessoas vieram falar com ele no fim da reunião, anunciou e lançou seu plano. Rod disse que esse podia não ter sido o melhor trabalho, mas foi um bom trabalho considerando as circunstâncias. Significou uma vitória para a organização, preservou a credibilidade do seu chefe e atendeu à expectativa de todos. Pode ser que você nunca se encontre nesse tipo de situação enfrentada por Rod. Mas se adotar a atitude positiva e a tenacidade de um profissional decisivo ou de resultados, se aproveitar cada oportunidade para fazer as coisas acontecerem, provavelmente vai se sair bem como ele em circunstância parecida. Assim, seu chefe irá se achegar e se apoiar em você, e as pessoas as quais apoia aumentarão sua influência e credibilidade a cada dia que trabalhar com elas.

MANTENDO O EQUILÍBRIO ENQUANTO VOCÊ PROVA SEU VALOR

As coisas que estou sugerindo para que você demonstre seu valor profissional não são fáceis. E podem gerar um bocado de estresse, sobretudo porque estou aconselhando que tome sempre a atitude mais apropriada em todas as situações. Assim, terá as melhores chances de brilhar e ser bem-sucedido, mesmo trabalhando para alguém que não lidera. Como atingir os resultados esperados com graça, tato e calma?

1. Encontre uma forma de aliviar a tensão

Você nunca conseguirá eliminar completamente o estresse resultante de tentar atingir o sucesso enquanto lida com um mau chefe. O que fazer? Encontre válvulas de escape saudáveis a fim de aliviar a tensão do dia a dia: acerte a bolinha de golfe, pratique corrida, comece a treinar *kickboxing*, faça yoga, saia para dar uma boa caminhada, vá a uma sessão de massagem. Não importa o que você faz, contanto que seja algo bom e saudável sempre que o nível de estresse passar dos limites. Admito que não passo muitas situações estressantes. (Não trabalho para um mau chefe!) Mas tenho uma rotina muito ocupada e isso embute alguns desafios. Por muitos anos, eu exagerei na comida, especialmente quando tinha que viajar demais, o que está longe de ser um hábito saudável. Hoje eu controlo minha alimentação. E passei a me empenhar muito mais nos exercícios físicos. Está me fazendo muito bem, tanto para o corpo como para a mente. Também jogo golfe, sempre que possível, e adoro fazer uma sessão de massagem. Você precisa encontrar o que funciona para você e transformar isso em parte da sua rotina diária.

2. Saiba quais são as suas responsabilidades e atribuições e renuncie ao que não é seu

A determinação de limites claros de responsabilidade funciona como um antídoto contra a tensão, mas nem sempre é possível usufruir dessa clareza quando se trabalha para um mau chefe. Isso significa que você precisa questionar sobre suas responsabilidades e atribuições. É exatamente o que fiz quando me tornei pastor sênior na Igreja Skyline, no Estado da Califórnia, em 1981. Quando me reuni com os membros da diretoria, eles me fizeram uma infinidade de perguntas por horas a fio. Ao terminar, preparavam-se para sair quando eu os interpelei dizendo que também tinha algumas perguntas a fazer. A primeira e mais importante de todas era quais seriam exatamente minhas atribuições e responsabilidades. (Até mesmo os líderes do topo devem se reportar a alguém. A diretoria representava meu chefe.) Solicitei aos membros da diretoria que me passassem uma lista sucinta das coisas que eu deveria fazer e que ninguém mais poderia fazer no meu lugar. O que eu deveria fazer que jamais fosse repassado a terceiros? A lista tinha quatro itens:

- Assumir responsabilidade final pela organização.
- Ser o principal interlocutor.
- Ser o principal representante da igreja.
- Levar uma vida marcada pela integridade pessoal.

Uma das melhores coisas que pode fazer é perguntar ao seu chefe o que ele espera de você. Mas você não deve achar que uma só conversa será suficiente para encerrar o assunto. Maus líderes geralmente são também líderes inconsistentes. A lista de suas responsabilidades e atribuições tende a se alterar. Mesmo quando se trabalha para um grande líder, a lista pode mudar. É preciso manter um diálogo permanente a respeito das expectativas do seu chefe, e fazer o seu melhor para cuidar do que for necessário e renunciar àquilo que não pode ou não deve fazer.

3. Nunca traia a confiança do seu chefe

Se quiser saber o que poderia elevar a tensão do seu cargo até um ponto insustentável, a resposta é trair a confiança depositada em você. Violar o lacre da confiança que te foi dada. Isso pode significar abusar do poder do cargo, procurar enfraquecer seu chefe de forma intencional, ou, ainda, usar os recursos da organização para finalidades pessoais. A autoridade investida em você está atrelada à lealdade com a qual serve às pessoas que te concederam essa autoridade. Na mesma linha, é preciso resistir à tentação de tentar avançar à custa do seu chefe. É sinal de sabedoria não se permitir um desabafo do tipo "mas se eu estivesse no lugar dele" a um colega de trabalho. Se estiver enfrentando dificuldades com seus superiores, fale diretamente com eles. Obviamente, a lealdade que estou sugerindo não deve jamais ultrapassar linhas éticas ou fronteiras legais. Não há nada de errado em ajudar ou compensar as falhas de um chefe que comete erros não intencionais ou cujo desempenho fica abaixo do desejado. Entretanto, se seu chefe estiver fazendo algo nitidamente errado, você não deve apoiá-lo. Se ele pedir que faça algo desonesto, recuse-se. Se pedir para você acobertar algo ou ficar quieto em relação a um delito cometido, você não deve acatar. Pode custar seu emprego, mas sua integridade permanecerá intacta.

NUNCA PARE DE SE APRIMORAR COMO LÍDER

O último passo que você precisa dar no sentido de se tornar bem-sucedido ao trabalhar para um mau chefe é continuar crescendo e se desenvolvendo como um líder. Por quê?

Quanto melhor você se torna, mais as pessoas te escutam

Na condição de alguém que está aprendendo sobre liderança, você preferiria passar uma hora com um presidente dos Estados Unidos ou com o dono do mercadinho do seu bairro? Não há dúvida. Você respeita e pode aprender mais com a pessoa que tem mais experiência e competência. Competência é a chave para a credibilidade, e credibilidade é a chave para influenciar os outros. Se as pessoas te respeitam, vão ouvir o que você tem a dizer. O presidente Abraham Lincoln disse: "Não tenho grande apreço por um homem que não seja mais sábio hoje do que foi ontem". Ao concentrar-se no aprimoramento, você se torna mais sábio a cada dia. E sua liderança continua melhorando.

Quanto melhor você se torna, mais aumenta seu valor

Se plantar uma árvore frutífera ou de nozes no seu quintal, quando você acredita que poderá começar a colher? Ficaria surpreso ao saber que teria de esperar anos — de três a sete para colher frutas, de cinco a quinze para colher nozes. Se quiser que uma árvore produza, primeiro é necessário deixá-la crescer. Quanto mais a árvore cresce e cria raízes fortes para sustentá-la, mais poderá produzir. Quanto mais produzir, maior será seu valor. Com as pessoas não é diferente. Quanto mais crescem, mais valor elas produzem. Na realidade, dizem que uma árvore continua crescendo durante toda sua vida. Eu adoraria viver de modo que o mesmo pudesse ser dito de mim — "Ele continuou crescendo até o dia da sua morte". Tenho 72 anos e ainda me esforço para crescer e aumentar meu valor no dia de hoje. Se olhar para conquistas passadas, e elas não parecerem pequenas aos seus olhos neste momento, significa que você não evoluiu muito desde a época e não está crescendo de forma suficiente hoje. Se olhar para um trabalho que fez anos atrás, e não achar que poderia fazê-lo melhor hoje, é sinal de que você não está se aperfeiçoando nessa área da sua vida. Se não estiver crescendo continuamente, provavelmente a sua capacidade de liderança está sendo prejudicada. Se não estiver avançando na condição de alguém em processo contínuo de aprendizado, significa que está retrocedendo como líder. Que tipo de plano você tem adotado para se manter em crescimento? Será que está lendo livros sobre liderança? Está fazendo perguntas a líderes experientes e procurando aprender com eles? Está se desafiando a assimilar algo novo diariamente, além de aplicar o que aprendeu? Será que você está ensinando o que aprende? É preciso ser determinado e incisivo na busca pelo crescimento pessoal.

Quanto melhor você se torna, maior será seu potencial amanhã

Quem são as pessoas mais difíceis de ensinar? Aquelas que nunca tentaram aprender. Fazer com que aceitem novas ideias é como tentar transplantar uma muda de tomate para o concreto. Mesmo que você consiga fazê-la atingir o solo, sabe que o fruto não sobreviverá por muito tempo. Quanto mais você aprende e cresce, maior sua capacidade para continuar aprendendo. E isso aumenta seu potencial e seu valor no dia seguinte. O reformista indiano Mahatma Gandhi disse: "A diferença entre o que fazemos e o que somos capazes de fazer seria suficiente para resolver a maior parte dos problemas mundiais". Esse é um indicador do tamanho do nosso potencial. Tudo que precisamos fazer é continuar lutando para aprender mais, crescer mais, evoluir mais.

Se quiser influenciar sua equipe, seu chefe e os profissionais do topo da organização — e nunca parar de influenciá-los — precisa continuar aperfeiçoando a si mesmo. Investir no desenvolvimento da sua liderança significa investir na sua capacidade, adaptabilidade e condições para ser continuamente promovido. Não importa o custo de continuar crescendo e aprendendo, pois o custo de continuar parado no mesmo lugar é muito maior. Um dos fundadores dos Estados Unidos, Benjamim Franklin disse: "Ao melhorar você mesmo, o mundo melhora. Não se preocupe em crescer em ritmo lento demais. Preocupe-se somente em ficar parado. Esqueça seus erros, mas lembre-se das lições deixadas." Para ser melhor amanhã, torne-se melhor hoje. A maioria das pessoas não tem a menor a ideia de quão longe podem chegar. Elas almejam muito pouco, subestimam a própria capacidade. Eu incorri nisso logo no começo da minha carreira, mas minha vida começou a mudar quando eu parei de estabelecer metas relacionadas ao lugar no qual gostaria de estar e comecei a estabelecer planos relacionados a quem eu gostaria de me tornar. Descobri que a chave para o desenvolvimento pessoal é ser mais focado no próprio crescimento do que no objetivo final. Não há efeito colateral em fazer do crescimento o seu objetivo. Se continuar aprendendo, você será melhor amanhã do que é hoje, e isso abre as portas para um futuro melhor, seja onde trabalha hoje ou em outro lugar. Continue acrescentando valor a si mesmo ao aprimorar-se no seu ofício, dar conta do seu trabalho e melhorar constantemente como líder, e se tornará tão valorizado que terá mais opções disponíveis para poder fazer melhores escolhas. No final das contas, não é exatamente isso que te motivou a ler este livro? Será que você não está em busca da liberdade para poder fazer melhores escolhas, de modo que sua vida possa melhorar?

Quando trabalha para um chefe que não pode ou não quer liderar, você se sente encalacrado em uma situação em que não há vencedores. Mas quando aprende a trabalhar com pessoas difíceis, a ser produtivo em situações desafiadoras, a se tornar um profissional capaz de dar contribuições valiosas e a desenvolver a si mesmo como líder, tudo se transforma. Você supera expectativas. Suas perspectivas se ampliam. Sua "sorte" muda. Você é procurado por outros líderes. Empresas querem você. Faça seu melhor e sua hora vai chegar. E quando tiver a oportunidade de ser o chefe, fará um trabalho de qualidade. Você valorizará e delegará tarefas aos que estiverem sob seu comando e eles usarão o tempo disponível sendo produtivos, em vez de tentar encontrar soluções para trabalhar com um chefe que não lidera.